de la Gendarmerie

CODE

DE LA

GENDARMERIE.

DÉCRET DU 1er MARS 1854,

CONTENANT

OUTRE LES **DISPOSITIONS RÉGLEMENTAIRES** SPÉCIALES
AU SERVICE ET A L'ORGANISATION DE LA GENDARMERIE,

LES RAPPORTS DE CE CORPS AVEC LES AUTORITÉS LOCALES

et avec

LES AUTORITÉS JUDICIAIRES;

SUIVI D'UNE TABLE PAR ORDRE DE MATIÈRES ET D'UNE TABLE ALPHABÉTIQUE.

Extrait du RÉPERTOIRE ADMINISTRATIF,
Journal des Maires et des Conseillers municipaux.

Prix : 3 fr.
Rendu franco par la poste.

Adresser les demandes à PRUDHOMME, imprimeur-éditeur, à Grenoble ; joindre un bon de poste (ou des timbres-poste), et aussitôt l'ouvrage sera envoyé franco à l'adresse donnée.

GRENOBLE,   **PARIS,**
PRUDHOMME, IMPRIM.-ÉDIT.,   A. DURAND, LIBRAIRE,
RUE LAFAYETTE, 14.   RUE DES GRÉS, 5.

1854.

31801

BIBLIOTHÈQUE MUNICIPALE ET LÉGISLATION D'INTÉRÊT GÉNÉRAL.

§ 1er.

FORMULAIRE MUNICIPAL, par E. **Miroir** et Ch. **Jourdan**, deuxième édition, revue et mise en harmonie avec la législation et la jurisprudence actuelles. Six forts volumes in-8, prix : 48 fr. — Cet ouvrage contient, dans 1233 articles ou traités différents, classés par ordre alphabétique, — tout le **droit ancien encore en vigueur**, — tout le **droit nouveau** : lois, décrets, ordonnances, instructions ministérielles, et jurisprudence du conseil d'État, de la cour de cassation, etc., depuis 1789 jusqu'à fin 1843, en ce qui concerne la partie administrative ; et un RECUEIL complet de FORMULES de tous les actes qu'on peut rédiger dans une mairie.

NOUVEAU FORMULAIRE DE 10 ANS ou supplément à la deuxième édition du Formulaire municipal, contenant toute la législation et la jurisprudence administratives, depuis 1844 jusqu'à 1854, renfermées dans la deuxième série du **Répertoire administratif**, 2 vol. in-8. (Sous-presse pour paraître en 1854.)

RÉPERTOIRE ADMINISTRATIF, Journal complémentaire et continuation du Formulaire municipal, contenant, par ordre chronologique, tous les actes officiels administratifs qui font suite à la législation recueillie dans le Formulaire : des développements, instructions, commentaires et formules sur tout ce qui ressort de l'administration municipale, et le DICTIONNAIRE DE JURISPRUDENCE ADMINISTRATIVE du Conseil d'État, de la Cour de cassation, des Cours d'appel, etc., etc., par plusieurs jurisconsultes et fonctionnaires ; 1 vol. in-8 par an, paraissant par livraisons mensuelles de 32 ou 64 pages ; prix, franc de port par la poste : 6 fr.

Cette publication se divise en trois séries : la première comprend dix ans, de 1834 à 1843, et forme onze volumes en y comprenant la table décennale ; prix, rendu franco par la poste : 68 fr., et par le roulage, 48 fr. ; elle fait suite à la première édition du Formulaire municipal.

La deuxième série comprend dix ans, de 1844 à 1853, et forme dix volumes ; prix franco, 60 fr. La Table des deux premières séries ou de vingt ans est sous presse. Cette série fait suite au **Formulaire municipal**, deuxième édition.

La troisième série commence en la présente année 1854, qui est en cours de publication ; prix de ladite année 1854, 6 fr. La troisième série fait suite à la deuxième édition du **Formulaire municipal**, et au **Nouveau Formulaire de 10 ans.**

FORMULAIRE DE 10 ans, ou supplément au **Formulaire municipal** par E. Miroir et Ch. Jourdan, et à tous les manuels municipaux, et TABLE DÉCENNALE alphabétique et analytique de toutes les matières administratives survenues depuis le 1er janvier 1834, contenues dans les dix années, première série du **Répertoire administratif**, journal complémentaire du *Formulaire municipal*, renfermant en outre, les formules des actes qui se rapportent à ces matières, par F. CROZET, avocat ; précédé d'CALENDRIER MUNICIPAL PERPÉTUEL, indiquant pour chaque jour les travaux que les maires ont à accomplir à des époques déterminées.— In-8, 8

AGENDA pour les receveurs municipaux, suivi de Notes complémentaires pour les receveurs spéciaux, et d'une Table alphabétique et analytique contenant une Instruction sur le timbre ; ouvrage utile aux maires, administrateurs d'hospices, secrétaires de communes, receveurs des finances, conseillers de préfecture, comptables municipaux, et 3e édition. 1 vol. in-8, grand raisin, prix : 5 fr.

TRAITÉ DES SERVITUDES d'utilité publique, et des modifications apportées par les lois et par les règlements à la propriété immobilière en faveur de l'utilité publique, par M. JOUSSELIN, avocat au conseil d'État et à la Cour de cassation ; 2 vol. in-8, 600 pages chacun, prix : 13 fr.

NAPOLÉON BACQUA. — CODES DE LA LÉGISLATION FRANÇAISE, contenant les Codes : Politique ou Constitution, — Civil, — de Procédure civile, — Commerce, — d'Instruction criminelle, — Pénal — des Frais, — Administratif, — de l'Armée, des Avocats, — de la Chasse, — des Contribuables — des Cultes, — Electoral, — de l'Enregistrement — de l'Expropriation pour utilité publique, — d' Officiers ministériels, — de la Garde nationale, de l'Instruction publique, — Municipal et départemental, — Forestier, — des Patentes, — de la Pêche fluviale, — des Poids et Mesures, — de la Police médicale, — de la Presse, — de la Propriété industrielle et littéraire, — Rural, — des Tribunaux, de la Voirie, — des Formules.—1 vol. in-18 de 41 pages, prix : 6 fr.

RÉPERTOIRE GÉNÉRAL ET RAISONNÉ DU DROIT CRIMINEL, où sont méthodiquement exposées : Législation, la Doctrine et la Jurisprudence sur tout ce qui constitue le grand et le petit criminel, toutes matières et dans toutes les juridictions, par A. MORIN, avocat à la Cour de cassation.— 2 v grand in-8°, prix · 30 fr.

TABLE CHRONOLOGIQUE ET ALPHABÉTIQUE de Lois et Ordonnances d'un intérêt public et général depuis 1789 jusqu'en 1854 inclusivement, par M. VOISIN DE GARTEMPE, conseiller de préfecture. 1 vol. in-12, prix : 1 fr. 50.

SOUS PRESSE, POUR PARAITRE EN 1854

CODE-FORMULAIRE DES PENSIONS. — CODE LA PROCÉDURE ADMINISTRATIVE. — CODE DE POLICE. — MANUEL-FORMULAIRE du réclama en matière de contributions directes, etc.

§ 2.

CODE-FORMULAIRE DES SOCIÉTÉS DE SECOURS MUTUELS, contenant : les lois, décrets, instructions ministérielles et modèles publiés par le Gouvernement pour la création de ces Sociétés dans toutes les communes, un précis historique de l'organisation des sociétés MÈRES de Grenoble ; 19 modèles des imprimés en usage pour le roulement de ces dernières et le compte de ce qu'ils contient ; le devis des dépenses d'agencement d'une salle de réunion ; le plan de la distribution de la salle ; enfin, les statuts et le règlement intérieur de la Société de secours mutuels de Paris, présidée par M. Troplong, premier président de la Cour de cassation et président du Sénat. Publication approuvée par la commission supérieure instituée au ministère de l'intérieur. — 1 vol. in-8, prix : 1 fr.50.

CODE-FORMULAIRE de la GARDE NATIONALE et des SAPEURS-POMPIERS, contenant : toute la législation antérieure au 2 décembre 1852 ; toute celle postérieure à cette date ; et enfin tous les documents officiels, lois, décrets, etc., relatifs aux Sapeurs-pompiers et à la création de caisses communales secours et pensions à leur accorder, ainsi qu'à leur veuves et enfants.— 1 vol. in-8, contenant la matière d'un fort volume. — Prix . 1 fr. 50.

CODE-FORMULAIRE DE LA POLICE DU ROULAGE ET DES MESSAGERIES ET DE L'IMPOT SUR LES VOITURES PUBLIQUES, contenant tous les documents officiels sur cette importante matière, annotés ; la corrélation des articles de la loi avec ceux du règlement ; la Législation et la Jurisprudence annotées, relatives à l'assiette de l'impôt ; le Tableau synoptique et alphabétique des contraventions ; Formules de procès-verbaux ; enfin, une table chronologique et une table analytique et alphabétique —1 vol. in-8, prix . 1 fr. 50.

TABLEAU SYNOPTIQUE et ALPHABÉTIQUE de CONTRAVENTIONS à la Police du Roulage, présentant, au premier coup d'œil, pour chaque contravention possible, l'article de la loi qui la détermine et celui qui la punit, la peine encourue et la jur

CODE

DE LA

GENDARMERIE.

SERVICE. — ORGANISATION.

Décret ( ) portant règlement sur l'organisation et le service de la gendarmerie.

SOMMAIRE.

Du 1er mars 1854.

Napoléon, etc., — Vu la loi du 28 germinal an VI, relative à l'organisation de la gendarmerie nationale ; — Vu le décret du 24 messidor an XII, sur les honneurs et préséances ; — Vu l'ordonnance du 29 octobre 1820 portant règlement sur le service de la gendarmerie ; — Vu la loi du 14 mars 1832 (¹) et l'ordonnance du 16 mars 1838, sur l'avancement dans l'armée de terre ; — Vu l'ordonnance du 3 mai 1832 sur le service des armées en campagne ; — Vu les arrêtés des 5 juillet 1848, 1er février et 6 avril 1849, et le décret du 11 mai 1850, relatifs à l'organisation de deux bataillons de gendarmerie mobile (devenue gendarmerie d'élite) et de la garde républicaine (devenue garde de Paris) ; — Vu les décrets des 22 décembre 1851 et 20 janvier 1852, portant réorganisation de la gendarmerie ; — Vu le décret du 19 février 1852, qui détermine la composition des cadres ; — Vu le décret du 10 juillet 1852, qui fixe le nombre des emplois d'enfants de troupe attribués aux corps et compagnies de l'arme ; — Considérant que, depuis la mise en vigueur de l'ordonnance du 29 octobre 1820 susvisée, de nombreuses modifications ont été apportées aux dispositions de cette ordonnance ; — Considérant qu'il importe de mettre le service spécial de la gendarmerie en harmonie avec les institutions nationales et avec les principes constitutifs des autres corps de troupe, — Sur le rapport de notre ministre secrétaire d'Etat au département de la guerre,

Avons décrété et décrétons ce qui suit :

TITRE PRÉLIMINAIRE. — DE L'INSTITUTION DE LA GENDARMERIE.

CHAPITRE UNIQUE. — DISPOSITIONS GÉNÉRALES.

SECTION Ire. — *Spécialité du service de l'arme.*

Art. 1er. La gendarmerie est une force instituée pour veiller à la sûreté publique et pour assurer le maintien de l'ordre et l'exécution des lois. — Une surveillance

(¹) Sur le *Bulletin des lois*, 9e série, bulletin 52, loi n° 154, cette loi porte la date du 14 avril et non du 14 mars.

continue et répressive constitue l'essence de son service. — Son action s'exerce
dans toute l'étendue du territoire continental et colonial de l'empire, ainsi que dans
les camps et armées. — Elle est particulièrement destinée à la sûreté des campagnes et des voies de communication.

2. Le corps de la gendarmerie est une des parties intégrantes de l'armée ; les
dispositions générales des lois militaires lui sont applicables, sauf les modifications et les exceptions que son organisation et la nature mixte de son service
rendent indispensables.

3. Le corps de la gendarmerie prend rang dans l'armée à la droite de toutes les
troupes de ligne.

4. Les officiers de tous grades dans la gendarmerie sont nommés par l'empereur, sur la présentation du ministre de la guerre. Les sous-officiers, brigadiers et
gendarmes sont nommés par le ministre de la guerre et commissionnés par lui.

5. En raison de la nature mixte de son service, la gendarmerie se trouve placée
dans les attributions des ministres — de la guerre, — de l'intérieur, — de la justice, — de la marine et des colonies. — La nature des rapports directs et permanents que les officiers de gendarmerie doivent entretenir avec les différents ministres est déterminée au titre II du présent décret.

SECT. II. — *Du serment imposé aux militaires de la gendarmerie.*

6. Les militaires de la gendarmerie, avant d'entrer en fonctions, sont tenus de
prêter serment d'après la formule suivante, qui est mentionnée en marge des
commissions et lettres de service : — « Je jure obéissance à la Constitution et fi-
» délité à l'empereur, — Je jure également d'obéir à mes chefs, en tout ce qui
» concerne le service auquel je suis appelé, et, dans l'exercice de mes fonctions, de
» ne faire usage de la force qui m'est confiée que pour le maintien de l'ordre et l'exé-
» cution des lois. » — Ce serment est reçu par les présidents des tribunaux de
première instance, siégeant en audience publique ; il en est dressé acte, dont une
expédition, délivrée sans frais, est remise au sous-intendant militaire ayant la
surveillance administrative du corps ou de la compagnie, lequel en fait l'envoi au
ministre de la guerre. — Les officiers, sous-officiers, brigadiers et gendarmes, pour
être admis à prêter serment devant les tribunaux, doivent être porteurs des lettres
de service ou commissions qui leur ont été délivrées par le ministre, et qui seules
leur donnent le caractère d'agents de la force publique.

7. Lorsque les militaires de la gendarmerie ont à prêter leur serment, s'ils font
partie de l'arrondissement du chef-lieu de légion, le colonel prévient par écrit le
président du tribunal, pour que ces militaires puissent être admis à cette presta-
tion à la plus prochaine audience. — Dans les autres résidences, l'officier commandant la gendarmerie du lieu où siége le tribunal prévient également par écrit
le président. — Les officiers, sous-officiers, brigadiers et gendarmes employés
dans la résidence doivent toujours assister en grande tenue aux prestations de
serment, s'ils n'en sont empêchés par les exigences du service.

SECT. III. — *Des inspections générales de gendarmerie.*

8. Les différents corps de gendarmerie sont inspectés annuellement par des
inspecteurs généraux spécialement désignés à cet effet, et pris parmi les généraux
de division ou de brigade.

9. Les inspections générales de la gendarmerie ont essentiellement pour objet,
non-seulement de constater en détail la situation du personnel et du matériel de
cette arme, en s'assurant que les règlements sont partout observés et que le corps
répond entièrement au but de son institution, mais encore de stimuler par de
justes récompenses, l'émulation et l'activité des officiers, sous-officiers, brigadiers
et gendarmes.

10. Le ministre de la guerre détermine chaque année, par des instructions spéciales, les attributions des inspecteurs généraux de gendarmerie.

11. Le comité consultatif de la gendarmerie se réunit, chaque année, par ordre
du ministre de la guerre. — Il examine et discute toutes les questions qui intéressent la constitution, l'organisation, le service, la discipline, l'instruction, l'habillement, l'armement et l'administration de l'arme. — Il donne sur chacune des
affaires déférées à son examen un avis motivé qu'il adresse au ministre.

TITRE Iᵉʳ. — DU PERSONNEL.

CHAPITRE Iᵉʳ. — ORGANISATION.

SECTION Iʳᵉ. — *Organisation de la gendarmerie.*

12. La gendarmerie est répartie par brigade sur tout le territoire de la France,
de l'Algérie et des colonies. — Ces brigades sont à cheval ou à pied. — L'effectif
des brigades à cheval est de cinq ou de six hommes, y compris le chef de poste. Les

brigades de cinq hommes sont commandées par un brigadier, celles de six hommes par un sous-officier. — Les brigades à pied sont toutes de cinq hommes, commandées, soit par un brigadier, soit par un sous-officier, sauf dans la dix-septième légion (Corse), dont l'organisation spéciale a été arrêtée par le décret du 24 octobre 1851.

13. Le commandement et la direction du service de la gendarmerie appartiennent, dans chaque arrondissement administratif, à un officier du grade de capitaine ou de lieutenant ; dans chaque département, à un officier du grade de chef d'escadron. — La gendarmerie d'un département forme une compagnie qui prend le nom de ce département.— Plusieurs compagnies, selon l'importance du service et de l'effectif, forment une légion. — Par exception, la gendarmerie affectée au service de surveillance en Corse constitue une légion.

14. Le corps de la gendarmerie se compose :
1° De vingt-six légions pour le service des départements et de l'Algérie ; — 2° de la gendarmerie coloniale ; — 3° de deux bataillons de gendarmerie d'élite ; — 4° de la garde de Paris chargée du service spécial de surveillance dans la capitale ; — 5° d'une compagnie de gendarmes vétérans. — L'organisation de la gendarmerie comporte des enfants de troupe. Leur nombre et les conditions de leur admission sont déterminées par des décisions spéciales.

15. La hiérarchie militaire, dans la gendarmerie des départements, de l'Algérie et des colonies, se compose des grades ci-après :

Brigadier . . . . { Commandant de brigade (à pied ou à cheval). Secrétaire du chef de légion (à pied).

Maréchal des logis. . . . . { Commandant de brigade (à pied ou à cheval). Adjoint au trésorier (à pied).

Maréchal des logis chef.
Adjudant.

Sous-lieutenant ou lieutenant { Commandant d'arrondissement. Trésorier.

Capitaine. . . . . { Commandant d'arrondissement, ou trésorier. Commandant de compagnie.

Chef d'escadron ou commandant de compagnie.
Lieutenant-colonel ou colonel chef de légion.

16. Le nombre des emplois de maréchal des logis, dans l'une et l'autre arme, est dans la proportion du tiers du nombre total des brigades. — Il n'est dérogé à ce principe que pour la gendarmerie de la Corse.—Le sous-lieutenant et le lieutenant sont chargés indistinctement des mêmes fonctions. — Le capitaine trésorier est affecté à la compagnie où se trouve le chef-lieu de la légion. — Une légion est commandée par un colonel ou par un lieutenant-colonel. — La hiérarchie des grades pour la garde de Paris et les bataillons d'élite est la même que pour la gendarmerie des départements, sauf les exceptions qui résultent de l'organisation régimentaire de ces corps.

SECT. II. — *Mode de recrutement et conditions d'admission.*

17. Les emplois de gendarme sont donnés à des militaires en activité, ou appartenant à la réserve, ou libérés définitivement du service, quel que soit le corps dans lequel ils ont servi, lorsqu'ils réunissent les conditions d'âge, de taille, d'instruction et de bonne conduite déterminées par l'article suivant :

18. Les conditions d'admission dans la gendarmerie sont :
1° D'être âgé de 25 ans au moins et de 40 ans au plus (les anciens gendarmes seuls peuvent être réadmis jusqu'à 45 ans ; toutefois, nul ne peut être admis, s'il est trop âgé pour pouvoir compléter à 60 ans le temps de service exigé pour la retraite) ; 2° d'avoir au moins la taille de 1 mèt. 72 cent. pour l'arme à cheval, et de 1 mèt. 70 cent. pour l'arme à pied ; — 3° d'avoir servi activement sous les drapeaux pendant trois ans au moins ; — 4° de savoir lire et écrire correctement ; — 5° de justifier, par des attestations légales, d'une bonne conduite soutenue.

19. Les militaires en activité qui réunissent les conditions d'admission ci-dessus déterminées sont proposés, chaque année, par les inspecteurs généraux d'armes.

20. Dans l'intervalle d'une inspection générale à l'autre, ces militaires peuvent, sur leur demande, être proposés pour la gendarmerie par les généraux commandant les divisions. En cas d'admission, le militaire en activité provenant d'un corps de l'armée est tenu de compléter, dans la gendarmerie, le temps de service exigé par la loi, ou par l'engagement ou le rengagement qu'il aura contracté.

21. Les militaires envoyés dans la réserve en attendant la libération de la classe à laquelle ils appartiennent, et ceux qui sont libérés définitivement du service, sont proposés pour la gendarmerie par les chefs de légion, sur la présentation des commandants de compagnie, qui demeurent responsables de l'exécution des conditions d'admission. — Les chefs de légion peuvent aussi proposer des militaires en activité de service qui se trouveraient momentanément dans leurs

foyers, mais à la condition pour ceux-ci de produire le consentement de leurs chefs de corps.

22. Tout mémoire de proposition d'admission dans la gendarmerie, établi, par un commandant de corps ou de compagnie, en faveur d'un militaire qui a cessé d'appartenir à l'armée, soit à titre provisoire, soit à titre définitif, doit porter les indications suivantes :

1° La position du militaire au moment où il a quitté le service ; — 2° Les ressources pécuniaires dont il peut disposer pour subvenir aux frais de son équipement ; — 3° Sa position civile (célibataire, marié, veuf, et, dans ces deux derniers cas, le nombre de ses enfants, s'il en a) ; — 4° Le détail de ses services antérieurs.

On joint toujours au mémoire de proposition dont le postulant est l'objet : — une demande écrite de sa main, en présence du commandant du corps ou de la compagnie ; — son acte de naissance dûment légalisé ; — son congé définitif avec un certificat de bonne conduite, ou, à défaut, le congé provisoire qui l'autorise à rentrer dans ses foyers ; — un certificat de bonne vie et mœurs délivré par l'autorité locale, s'il est rentré dans ses foyers depuis plus de six mois ; — un relevé des punitions subies par lui à son dernier corps ; — un certificat de métrage délivré par le commandant du corps ou de la compagnie, et un certificat de visite rédigé par l'officier de santé en chef de l'hôpital du chef-lieu, indiquant que cette visite a eu lieu en présence du commandant. — Ce mémoire, établi en double expédition, sous la responsabilité du commandant du corps ou de la compagnie, est visé par le sous-intendant militaire.

23. Aussitôt après l'arrivée des militaires venant de l'armée par décision ministérielle et à la suite des propositions de l'inspection générale, les commandants de corps ou de compagnie adressent hiérarchiquement des mémoires de proposition fictifs et sans pièces.

SECT. III. — Des changements de résidence.

24. Les militaires de tout grade de la gendarmerie sont tenus de résider dans le lieu qui leur est assigné par la lettre de service ou la commission qu'ils ont reçue du ministre de la guerre. — Aucun changement de corps ou de résidence, soit pour l'avantage personnel des officiers, sous-officiers, brigadiers et gendarmes, soit dans l'intérêt du service, ne peut être ordonné que par le ministre.

25. Les changements de corps ou de résidence sont proposés, soit dans l'intérêt du service, soit par mesure de discipline, soit sur la demande des officiers, sous-officiers, brigadiers et gendarmes, à l'époque des inspections générales. — Dans le cours de leur inspection, les inspecteurs généraux peuvent ordonner d'urgence les changements de résidence des sous-officiers, brigadiers et gendarmes dans la circonscription de la même légion. Il en est rendu compte au ministre. — Si, dans l'intervalle d'une revue à l'autre, des raisons de service ou de discipline exigent que des sous-officiers, brigadiers ou gendarmes soient changés de résidence dans l'étendue de la même légion, le colonel peut proposer cette mesure au ministre. Dans le cas de nécessité impérieuse, il est autorisé à l'ordonner d'urgence, sauf à en rendre compte immédiatement.

26. Les changements de corps ou de légion sont autorisés pour les gendarmes, sur l'adhésion écrite et réciproque des deux chefs de corps ou de légion. Cette adhésion n'est valable que dans l'intervalle d'une inspection à l'autre. Quant aux sous-officiers et brigadiers, les changements n'ont lieu qu'aux mêmes conditions et par permutation à grade égal. — Cette restriction n'est pas applicable aux sous-officiers et brigadiers employés en Afrique et aux colonies. Ils peuvent être rappelés en France, sans permutation, après un séjour de six années consécutives et après deux ans d'activité dans leur grade, s'ils prouvent, d'ailleurs, qu'ils possèdent les ressources nécessaires pour faire face aux dépenses de leur équipement. Ceux que des raisons de santé suffisamment justifiées mettent dans l'impossibilité de continuer à servir en Afrique ou aux colonies sont rappelés dans l'intérieur en dehors des conditions précitées. — Les sous-officiers, brigadiers et gendarmes débiteurs ne peuvent, pour convenance personnelle, obtenir leur changement de légion, ni même de compagnie dans la légion, avant d'avoir acquitté les sommes qu'ils redoivent aux caisses ; ils doivent être, en outre, convenablement montés, habillés et équipés.

27. Les militaires de tout grade de la gendarmerie ne sont détachés dans les postes provisoires ou temporaires qu'en vertu d'une décision spéciale du ministre de la guerre. — Il est interdit aux chefs de légion de placer ou d'entretenir des forces supplétives, à moins que le ministre n'en ait ordonné l'établissement.

SECTION IV. — Des congés, démissions et renvois.

28. Le ministre de la guerre seul, sur la proposition des chefs de la légion, accorde, s'il le juge convenable, des congés temporaires avec solde d'absence aux officiers, sous-officiers, brigadiers et gendarmes, pour leurs affaires personnelles.

La durée de ces congés ne peut excéder trois mois. — Les inspecteurs généraux en fonctions peuvent accorder aux militaires de tous grades des congés ou permissions dont la durée n'excédera pas quinze jours. Ils en rendent compte immédiatement au ministre. — Si, dans l'intervalle des inspections générales, des affaires urgentes exigent que des officiers, sous-officiers, brigadiers et gendarmes s'absentent pour huit jours au plus, les chefs de légion sont autorisés à accorder les permissions nécessaires, à la charge d'en rendre compte par un bulletin individuel adressé au ministre.

29. Des congés de convalescence de trois mois peuvent être accordés par le ministre aux militaires de la gendarmerie. Toute demande de congé de cette nature doit être accompagnée des certificats de visite et de contre-visite de deux médecins attachés aux hôpitaux civils ou militaires de la localité, et transmis hiérarchiquement au ministre par l'intermédiaire des chefs de légion.

30. Les militaires de la gendarmerie qui ont à solliciter des prolongations de congé sont tenus de justifier du besoin réel de ces prolongations : les chefs d'escadrons et capitaines, au chef de légion le plus à proximité, et les lieutenants, ainsi que les sous-officiers, brigadiers et gendarmes, au commandant de la gendarmerie du département où ils se trouvent. Ces demandes et ces certificats sont transmis directement au ministre par les commandants de compagnie, avec leur avis motivé, lorsque les postulants appartiennent à une autre légion. — Les demandes doivent être faites assez à temps pour que l'intéressé puisse rejoindre dans les délais prescrits, si la prolongation ne lui est point accordée.

31. Les militaires de la gendarmerie qui ne sont plus liés au service peuvent demander leur démission à l'époque des revues. Ces demandes sont examinées par l'inspecteur général et transmises au ministre de la guerre, qui prononce définitivement. — Toutefois, si, dans l'intervalle des inspections, quelques-uns de ces militaires justifient que de puissants motifs les forcent à se retirer de la gendarmerie, leurs demandes sont transmises par le chef de légion ou de corps, avec les observations de cet officier supérieur. Le ministre accorde les démissions s'il y a lieu. — Dans aucun cas, il ne peut être donné suite à une demande de démission formée par un militaire qui se trouve débiteur envers la caisse du corps auquel il appartient.

32. Les militaires de la gendarmerie qui donnent leur démission, dans les cas prévus par l'article précédent, doivent la formuler, par écrit, en ces termes :

Je soussigné   à la résidence de   compagnie de   offre ma démission du grade et de l'emploi dont je suis pourvu dans l'armée et dans la gendarmerie. Je déclare, en conséquence, renoncer volontairement à tous les droits acquis par mes services, et demande à me retirer à   , département d

A   le   18   .

33. Il est accordé par le ministre de la guerre, aux sous-officiers, brigadiers et gendarmes démissionnaires, des certificats d'acceptation de démission.

34. Les hommes admis étant encore liés au service, et qui demandent à quitter la gendarmerie, dans les six mois qui suivent leur libération, n'ont droit qu'à des congés définitifs du service de la gendarmerie. — Ceux qui ont été admis dans l'arme après libération du service, et qui donnent leur démission dans les six mois de leur admission, sont rayés purement et simplement des contrôles. Il leur est délivré, par le conseil d'administration du corps ou de la compagnie, un certificat constatant la durée de leur présence dans l'arme.

35. Des certificats de bonne conduite sont accordés directement par le ministre aux militaires de l'arme. Ces certificats sont de deux modèles (nos 1 et 2) suivant la nature du témoignage de satisfaction que les hommes ont mérité. Mais il est formellement interdit aux conseils d'administration, ainsi qu'à tout commandant de compagnie, d'arrondissement ou de brigade, de jamais délivrer aux hommes démissionnaires ou congédiés aucune attestation particulière de bon service ou de moralité, sous quelque forme et en quelque terme que ce soit.

36. En tout état de choses, les militaires de l'arme qui désirent quitter le service doivent absolument attendre, pour se retirer dans leurs foyers, qu'il ait été statué sur leur demande et qu'il leur ait été remis un titre de libération régulier. En agissant autrement, ils s'exposent à être déclarés déserteurs à l'intérieur, et poursuivis comme tels, par application de l'art. 578 du présent décret.

37. Les sous-officiers, brigadiers et gendarmes qui ne conviennent pas au service de la gendarmerie, sont congédiés ou réformés lorsqu'ils ont accompli le temps de service voulu par la loi de recrutement. — Les congés de réforme, comme les congés absolus, sont délivrés par le ministre. Les militaires qui en sont l'objet ne peuvent être renvoyés dans leurs foyers sans avoir reçu préalablement le titre régulier qui doit leur être adressé. — Les militaires congédiés par application du présent article ne peuvent plus être réadmis dans la gendarmerie.

38. Les militaires qui, étant encore liés au service, ne réunissent pas toutes les

conditions d'aptitude pour le service de la gendarmerie, peuvent être réintégrés dans les armes d'où ils proviennent; mais ces changements de corps n'ont lieu qu'à l'époque des inspections. Les demandes de réintégration dans la ligne, faites pour convenance personnelle, ne sont admissibles qu'autant que les militaires qui les ont formées peuvent s'acquitter envers les caisses de la gendarmerie, et produisent le consentement écrit du chef du corps dans lequel ils désirent passer.—Quant aux militaires de la gendarmerie qui ont été précédemment pourvus d'emplois de sous-officiers dans la ligne, les adhésions des chefs de corps doivent faire connaître s'ils peuvent être reçus dans les régiments en leur ancienne qualité.

39. Les sous-officiers, brigadiers et gendarmes atteints d'infirmités incurables contractées dans le service, mais qui ne sont pas dans les catégories donnant droit à la pension de retraite, peuvent être proposés pour une gratification temporaire de réforme, calculée sur les deux tiers du minimum de la pension du grade, et payée pendant un nombre d'années égal à la moitié des services accomplis.—Ceux dont les infirmités ne sont pas d'une nature assez grave pour donner droit à la retraite, à l'hôtel des invalides, ou à une gratification temporaire, peuvent être proposés pour la réforme, avec l'expectative d'une gratification une fois payée.

40. Pour faciliter l'application des dispositions qui précèdent, tout accident grave et de nature à altérer la santé ou à compromettre l'activité d'un officier, sous-officier, brigadier ou gendarme, survenu dans un service commandé, doit être constaté immédiatement par un procès-verbal régulier, appuyé de certificats d'officiers de santé indiquant la nature et l'origine de l'accident. — Une expédition de ce procès-verbal est adressée au ministre de la guerre. — L'autre expédition reste dans les archives du corps ou de la compagnie, pour servir en cas de besoin.

41. Ceux des officiers, sous-officiers, brigadiers et gendarmes qui ne conservent plus l'activité nécessaire pour le service de la gendarmerie, et qui n'ont pas droit à la retraite, sont susceptibles d'être admis dans les compagnies de vétérans. Toutefois, aucun militaire de l'arme ne peut être admis dans ces compagnies s'il ne compte au moins quinze ans d'activité.

42. Les sous-officiers, brigadiers et gendarmes qui, ayant accompli les trente ans de service exigés par la loi, sont en instance pour la retraite, peuvent, sur leur demande, être autorisés par le ministre de la guerre à se retirer dans leurs foyers, pour y attendre la fixation de leur pension.

CHAPITRE II. — DE L'AVANCEMENT.

SECTION Ire. — *Avancement des sous-officiers, brigadiers et gendarmes.*

43. L'avancement aux grades de brigadier et de sous-officier roule par légion et par corps.

44. Les emplois de brigadier sont donnés à des gendarmes ayant au moins six mois de service dans la gendarmerie, et portés au tableau d'avancement, ainsi qu'aux adjudants, sergents-majors et maréch = ux des logis chefs des divers corps de l'armée proposés par les inspecteurs généraux, et ayant au moins un an d'exercice dans leur emploi.

45. La totalité des emplois de maréchal des logis à pied et à cheval est donnée à des brigadiers de la même arme, ayant au moins six mois de service dans leur grade, et portés au tableau d'avancement.

46. L'avancement à l'emploi de maréchal des logis chef est donné aux maréchaux des logis, à pied ou à cheval, ayant au moins six mois de grade de sous-officier dans l'arme et portés au tableau d'avancement comme réunissant les conditions d'aptitude nécessaires.

47. Les adjudants sont choisis indistinctement parmi les sous-officiers à pied ou à cheval ayant au moins un an de grade dans l'arme.

48. Les maréchaux des logis adjoints au trésorier sont choisis indistinctement, soit parmi les sous-officiers à pied et à cheval, soit parmi les brigadiers des deux armes ayant au moins un an d'exercice dans ce grade, et portés au tableau d'avancement comme réunissant les conditions d'aptitude reconnues nécessaires pour ces fonctions spéciales.

SECT. II.—*Tableaux d'avancement des sous-officiers, brigadiers et gendarmes.*

49. Les tableaux d'avancement aux grades de brigadier et de sous-officier et les listes d'aptitude aux fonctions spéciales dans la gendarmerie sont établis de nouveau, chaque année, à l'époque des revues d'inspection générale.

50. Ces tableaux d'avancement et ces listes sont formés par légion et par corps, et contiennent des notes détaillées sur chacun des candidats, qui sont classés par ordre de mérite. Ils sont dressés par les chefs de légion et de corps, sur la présentation des commandants de compagnie, et sont soumis par eux à l'inspecteur général, qui les arrête définitivement et les transmet au ministre avec ses observations.

51. Le nombre des candidats à présenter par les inspecteurs généraux pour les

différents grades de sous-officiers et pour celui de brigadier, dans chaque arme, est calculé de manière à assurer les besoins du service par légion ou corps, et déterminé chaque année par des instructions sur les inspections générales.

52. En cas de services extraordinaires, le ministre de la guerre inscrit d'office sur le tableau d'avancement, aux grades de sous-officier et brigadier, les militaires qui ont mérité cette récompense.

53. Toutes les dispositions des art. 43 et suivants sont applicables à la formation des tableaux d'avancement aux grades de sous-officier dans la garde de Paris et dans la gendarmerie d'élite.

SECT. III. — *Avancement aux différents grades et emplois d'officier.*

54. L'avancement à tous les grades et emplois d'officier, pour la portion dévolue à la gendarmerie, roule sur toute l'arme.

55. L'organisation de la gendarmerie ne comportant pas d'emploi de sous-lieutenant, la moitié des lieutenances vacantes est donnée à l'avancement des sous-officiers de l'arme à pied ou à cheval, qui n'ont d'abord que le grade de sous-lieutenant, et sont promus à celui de lieutenant après deux ans d'exercice dans leurs fonctions. — L'autre moitié des lieutenances vacantes est donnée, sur la proposition des inspecteurs généraux d'arme, à des lieutenants des corps de troupe à cheval âgés de plus de 25 ans, et de moins de 35 ans, et ayant au moins un an d'activité de service dans leur grade. — Les lieutenants d'infanterie ne peuvent être admis dans la gendarmerie qu'autant qu'ils ont précédemment servi deux ans dans un corps de troupe à cheval. Toutefois, cette condition n'est pas imposée à ceux qui seraient exclusivement proposés pour les bataillons de gendarmerie d'élite ou pour l'infanterie de la garde de Paris.

56. Les emplois de sous-lieutenant trésorier de gendarmerie sont donnés aux sous-officiers de l'arme à pied ou à cheval proposés pour l'avancement et portés sur la liste d'aptitude à ces fonctions spéciales. — L'organisation de la garde de Paris comporte un emploi de lieutenant d'habillement. Cet emploi peut être conféré à un sous-officier du corps porté au tableau d'avancement, et dont l'aptitude est constatée.

57. A l'époque des inspections générales seulement, les lieutenants et sous-lieutenants de gendarmerie qui veulent concourir pour les emplois de trésorier sont examinés par l'inspecteur général, le conseil d'administration assemblé, et en présence du sous-intendant militaire. — Toutefois, les lieutenants et sous-lieutenants de gendarmerie dont l'aptitude aura été constatée ne peuvent être appelés du service actif aux fonctions de trésorier que par permutation, à grade égal, avec un officier pourvu de cet emploi spécial.

58. Les emplois de capitaine de gendarmerie sont donnés trois quarts aux lieutenants de l'arme, et un quart aux capitaines de l'armée âgés de plus de 30 ans et de moins de 40 ans, ayant au moins deux ans d'activité de service dans leur grade. — Les capitaines d'infanterie ne peuvent être admis dans la gendarmerie qu'aux conditions stipulées pour les lieutenants à l'art. 55.

59. Les capitaines et les lieutenants de l'armée qui sont proposés pour entrer dans la gendarmerie ne peuvent être admis à concourir, pour les emplois de leur grade dans cette arme, qu'après avoir subi un examen d'aptitude devant une commission spéciale instituée au chef-lieu de chaque légion départementale, et dont la composition est déterminée par une instruction ministérielle.

60. Les lieutenants de gendarmerie du service actif peuvent concourir avec les lieutenants trésoriers de l'arme pour l'avancement au grade de capitaine trésorier ; mais ils doivent avoir été portés au tableau d'avancement par l'inspecteur général, et avoir fait préalablement constater leur aptitude à ces fonctions spéciales dans les formes prescrites par l'art. 57 ci-dessus.

61. Les emplois de chef d'escadron et de lieutenant-colonel de gendarmerie sont donnés en totalité à l'avancement des officiers de l'arme.

62. Les emplois de colonel de gendarmerie sont dévolus, un cinquième aux colonels de cavalerie de l'armée, quatre cinquièmes à l'avancement des officiers de l'arme.

63. Les lieutenants et capitaines des divers corps de l'armée, qui passent dans la gendarmerie, ne comptent leur ancienneté de grade dans cette arme, pour le commandement et l'avancement, que du jour où ils y ont été admis. — Les colonels de l'armée nommés chefs de légion ou de corps prennent rang selon leur ancienneté de grade. — Toutes les dispositions des lois, ordonnances et décrets sur le classement des officiers de l'armée de terre sont applicables à la gendarmerie.

SECT. IV. — *Tableau d'avancement des officiers de tout grade, et liste d'aptitude aux fonctions spéciales.*

64. Les tableaux d'avancement au choix, pour tous les grades d'officier dans la gendarmerie jusqu'à celui de lieutenant-colonel, sont formés chaque année d'après

les propositions établies par arrondissement d'inspection. — Ces tableaux d'avancement, de même que les listes d'aptitude aux divers emplois et aux fonctions spéciales, sont arrêtés par ordre de mérite, par les inspecteurs généraux, réunis à cet effet sous la présidence du général président du comité consultatif de l'arme. — En cas de services extraordinaires, le ministre de la guerre inscrit d'office sur le tableau d'avancement les officiers et sous-officiers qui ont mérité cette récompense.

65. Les tableaux d'avancement aux différents grades d'officiers de gendarmerie sont dressés par les chefs de légion ou de corps, et soumis par eux à l'inspecteur général avec leurs notes.

66. L'inspecteur général propose, pour l'avancement aux différents grades d'officier, le nombre de candidats déterminés chaque année par les instructions ministérielles sur les revues d'inspection. — Les officiers qui n'exercent point ou qui n'ont point exercé les fonctions de trésorier sont préalablement examinés par l'inspecteur général, en présence du sous-intendant militaire. — Les officiers présentés comme candidats doivent avoir atteint, au 31 décembre de l'année courante, dans leurs grades respectifs, et dans la gendarmerie, l'ancienneté voulue pour chaque grade par la loi du 14 avril 1832.

67. La garde de Paris, étant spécialement chargée du service de surveillance de la capitale, est placée, pour l'exécution de ce service, sous la direction du préfet de police. — Le ministre de l'intérieur est consulté pour les nominations aux divers grades et emplois d'officier vacants dans ce corps. Le ministre de la guerre lui communique les noms des candidats qu'il doit présenter au choix de l'empereur, mais le rôle du ministre de l'intérieur se borne à donner son avis.

68. Toutes les dispositions générales des ordonnances et décrets sur l'avancement de l'armée, auxquelles il n'est point expressément dérogé par les articles précédents, sont et demeurent applicables à la gendarmerie.

SECT. V. — *Récompenses civiles et militaires.*

69. Lorsqu'un militaire de la gendarmerie se signale par un acte de courage ou de dévouement, le rapport de l'événement est adressé par le commandant de la compagnie au chef de légion ou de corps, qui le transmet au ministre de la guerre avec les pièces justificatives à l'appui. — Si ce militaire a agi en dehors du service et couru des dangers sérieux, il peut être adressé, en même temps, en sa faveur, une demande de médaille d'honneur ou de sauvetage, établie conformément au modèle annexé à la circulaire ministérielle du 11 juin 1844. — Il est fait mention sur les matricules, et, par suite, sur les états de services, des médailles d'honneur ou de sauvetage accordées à titre de récompenses civiles à des militaires de la gendarmerie, pour des traits de courage et de dévouement.

70. Les militaires de la gendarmerie concourent, comme ceux des autres corps de l'armée, et dans les mêmes conditions, pour l'admission ou l'avancement dans la Légion d'honneur. Le nombre des propositions à établir en faveur des officiers, sous-officiers, brigadiers et gendarmes, est déterminé, chaque année, par des instructions ministérielles sur les inspections générales de l'arme.

71. Les sous-officiers, brigadiers et gendarmes concourent, pour la médaille militaire, dans les mêmes conditions que les militaires des autres corps de l'armée. — Le nombre des candidats est déterminé, chaque année, par les instructions ministérielles sur les inspections générales.

72. Des propositions spéciales de récompenses, de gratifications ou d'indemnités pécuniaires, peuvent être faites pour des services importants rendus par des militaires de la gendarmerie, ou pour des pertes qu'ils auraient éprouvées dans l'exercice de leurs fonctions. Ces propositions sont transmises au ministre de la guerre par les chefs de légion ou de corps, avec un avis motivé.

TITRE II. — DES DEVOIRS DE LA GENDARMERIE ENVERS LES MINISTRES, ET DE SES RAPPORTS AVEC LES AUTORITÉS CONSTITUÉES.

CHAPITRE Ier. — DEVOIRS DE LA GENDARMERIE ENVERS LES MINISTRES.

SECTION Ire. — *Attributions du ministre de la guerre.*

73. Le ministre de la guerre a dans ses attributions l'organisation, le commandement, l'exécution réglementaire de toutes les parties du service. — Les admissions dans la gendarmerie, l'avancement, les changements de résidence, les congés temporaires et définitifs, les admissions à la retraite et les récompenses militaires, — L'ordre intérieur, l'instruction militaire, la police et la discipline des corps et compagnies, la tenue, l'armement, la fixation de l'emplacement des brigades, la solde, l'habillement, l'équipement, la remonte, l'approvisionnement des fourrages, l'emploi des masses, l'administration et la vérification de la comptabilité; — Les inspections générales, les revues et tournées des officiers, enfin les opérations militaires de toute nature.

74. La surveillance que la gendarmerie est tenue d'exercer sur les militaires absents de leur corps est également dans les attributions du ministre de la guerre. Il lui est adressé, du 5 au 10 du premier mois de chaque trimestre, et pour chaque compagnie, un rapport spécial du service des brigades, sur la recherche des déserteurs et insoumis dont le signalement leur a été adressé, et sur la rentrée des militaires sous les drapeaux.

75. Le ministre de la guerre devant être à portée de juger de la convenance des locaux affectés au casernement des brigades, tant sous le rapport du service que sous celui du bien-être des hommes et des chevaux, des états descriptifs de ces bâtiments lui sont transmis par les chefs de légion, avec les observations de ces officiers supérieurs, immédiatement après la passation ou le renouvellement des baux, qui sont toujours soumis à son approbation par les préfets des départements.

76. Une expédition des rapports périodiques et autres, que la gendarmerie est tenue d'adresser aux ministres, suivant l'ordre des attributions ci-après déterminées, est toujours envoyée au ministre de la guerre.—Il lui est également rendu compte sur-le-champ de tous les événements qui peuvent être de nature à compromettre la tranquillité publique, et des mesures que la gendarmerie peut avoir prises pour l'exécution des ordres directs des ministres ou des réquisitions de leurs agents. — Les rapports lui en sont faits, savoir : pour les événements qui surviennent dans les arrondissements des chefs-lieux de préfecture, par les commandants de compagnies, et, pour ceux qui ont lieu dans l'arrondissement de chaque sous-préfecture, par le commandant de la gendarmerie de cet arrondissement.

77. Les événements extraordinaires qui doivent donner lieu à des rapports immédiats au ministre de la guerre, de la part des officiers de gendarmerie de tout grade, sont principalement : — Les vols avec effraction, commis par des malfaiteurs au nombre de plus de deux ; — Les incendies, les inondations et autres sinistres de toute nature, et les assassinats ;— Les attaques des voitures publiques, des courriers, des convois de deniers de l'État ou de munitions de guerre ;—L'enlèvement et le pillage des caisses publiques et des magasins militaires ; — Les arrestations d'embaucheurs, d'espions employés à lever le plan des places et du territoire, ou à se procurer des renseignements sur la force et les mouvements des troupes ; la saisie de leur correspondance et de toutes pièces pouvant donner des indices ou fournir des preuves de crimes et de complots attentatoires à la sûreté intérieure ou extérieure de l'empire ; — Les provocations à la révolte contre le gouvernement ; — Les attroupements séditieux ayant pour objet le pillage des convois de grains ou farines ; — Les émeutes populaires ; — Les découvertes d'ateliers et instruments servant à fabriquer la fausse monnaie ; l'arrestation des faux monnayeurs ; — Les assassinats tentés ou consommés sur les fonctionnaires publics ; — Les attroupements, armés ou non, qualifiés séditieux par les lois ; — Les distributions d'argent, de vin, de liqueurs enivrantes, et les autres manœuvres tendant à favoriser la désertion ou à empêcher les militaires de rejoindre leurs drapeaux ; — Les attaques dirigées et exécutées contre la force armée chargée des escortes et des transfèrements des prévenus ou condamnés ; — Les rassemblements, excursions et attaques de malfaiteurs réunis et organisés en bandes, dévastant et pillant les propriétés ; — Les découvertes de dépôts d'armes cachées, d'ateliers clandestins de fabrication de poudre, de lettres comminatoires, de signes et mots de ralliement, d'écrits, d'affiches et de placards incendiaires provoquant à la révolte, à la sédition, à l'assassinat et au pillage ; — L'envahissement, avec violences, d'un ou de plusieurs postes télégraphiques, et la destruction, par des individus ameutés, des appareils de télégraphie, soit électrique, soit aérienne ; — La dégradation d'une partie quelconque de la voie d'un chemin de fer, commise en réunion séditieuse, avec rébellion ou pillage ;—Et généralement tous les événements qui exigent des mesures promptes et décisives, soit pour prévenir le désordre, soit pour le réprimer.

78. Pour tous les événements spécifiés dans l'article précédent, les rapports directs auxquels ils ont donné lieu ne dispensent pas les officiers de gendarmerie d'en faire mention dans les comptes mensuels qu'ils ont à rendre au ministre de la guerre. — Hors ces cas exceptionnels, et à moins d'ordres particuliers, les chefs de légion seuls correspondent directement avec le ministre.

SECT. II. — *Attributions du ministre de l'intérieur.*

79. Les mesures prescrites pour assurer la tranquillité du pays, pour le maintien de l'ordre et pour l'exécution des lois et règlements d'administration publique, émanent du ministre de l'intérieur.—Il lui appartient de donner des ordres pour la police générale, pour la sûreté de l'État et pour le rassemblement des brigades, en cas de service extraordinaire. — Il lui est rendu compte périodiquement du service habituel de la gendarmerie.

80. A cet effet, du 5 au 10 de chaque mois, les chefs de légion transmettent au

ministre de l'intérieur, avec leur visa, un état récapitulatif, par compagnie, du service exécuté dans chaque département pendant le mois précédent. — Cet état comprend également un résumé du service ordinaire et extraordinaire accompli par les brigades; celui des arrestations civiles et militaires opérées pendant le mois; le nombre des prisonniers transférés, soit de brigade en brigade, soit par les chemins de fer, soit au moyen des voitures cellulaires; celui des escortes des malles et courriers porteurs de fonds publics ou des dépêches du gouvernement; et enfin un exposé sommaire de tous les événements qui, par leur nature, peuvent influer sur la tranquillité intérieure. — Un état nominatif des individus arrêtés pendant le mois, avec l'indication des motifs de leur arrestation et du lieu où ils ont été conduits, est toujours joint au résumé du service fait par les brigades pendant le même laps de temps.

81. La surveillance exercée par la gendarmerie sur les repris de justice, mendiants, vagabonds, gens sans aveu, condamnés libérés, et de tous autres individus assujettis ou à l'internement ou à toute autre mesure de sûreté générale, est du ressort du ministre de l'intérieur. En conséquence, les chefs de légion lui transmettent, du 5 au 10 de chaque mois, un résumé, par compagnie, des opérations des brigades sous leurs ordres, en ce qui concerne ce service spécial, ainsi qu'un état nominatif des individus placés dans la dernière catégorie, et dont l'arrestation a été opérée, soit pour rupture de ban, soit en vertu de mandats de justice.

82. Ces rapports mensuels sont adressés directement au ministre de l'intérieur par les chefs de légion, qui lui transmettent également, du 5 au 10 janvier de chaque année, un tableau sommaire et récapitulatif du service fait par chaque compagnie pendant les douze mois de l'année précédente.

83. Indépendamment de ces comptes périodiques à rendre au ministre de l'intérieur, il lui est donné connaissance immédiatement, par des rapports spéciaux comme au ministre de la guerre, de tous les événements qui se trouvent compris parmi les faits spécifiés par les art. 76 et 77 du présent décret.

84. En dehors des cas exceptionnels prévus par les art. 76 et 77 précités, les chefs de légion correspondent seuls directement avec le ministre de l'intérieur pour tous les faits qui leur paraîtraient de nature à intéresser la tranquillité publique.

85. Les moyens de casernement des brigades, et les conditions dans lesquelles les bâtiments affectés à cette destination doivent être choisis par les autorités départementales, sont placés dans les attributions du ministre de l'intérieur. Les baux passés à cet effet par les préfets sont soumis à son approbation, toutes les fois qu'il le juge nécessaire.

SECT. III. — *Attributions du ministre de la justice.*

86. Le service des officiers de gendarmerie considérés comme officiers de police judiciaire, et agissant, soit en cas de flagrant délit, soit en vertu de commissions rogatoires, est du ressort du ministre de la justice.

87. A cet effet, il lui est adressé, du 5 au 10 de chaque mois, par les chefs de légion, un rapport spécial par compagnie, des opérations de cette nature, exécutées pendant le mois précédent, et, à la fin de chaque année, un tableau sommaire du service judiciaire fait par les officiers de l'arme pendant les douze mois écoulés. — Ces rapports mensuels ne sont point adressés au ministre de la justice lorsqu'ils sont négatifs; mais les rapports annuels, même négatifs, lui sont toujours transmis.

SECT. IV. — *Attributions du ministre de la marine et des colonies.*

88. La surveillance exercée par la gendarmerie sur les militaires des troupes de la marine jusqu'à leur embarquement, la recherche des déserteurs de l'armée de mer, et la poursuite des forçats évadés des bagnes, l'escorte des condamnés transférés dans les colonies pénitentiaires, et la police à exercer dans ces établissements, tant à l'intérieur qu'à l'extérieur, sont du ressort du ministre de la marine et des colonies.

89. Les compagnies de gendarmerie coloniale, bien que continuant d'appartenir à l'armée de terre, quant à l'organisation et au personnel, ressortissent au département de la marine pour la direction du service, pour l'administration et la comptabilité.

90. Le ministre de la marine reçoit les rapports des arrestations faites, par la gendarmerie, des marins et des militaires des troupes de la marine en état de désertion. — Il lui est également rendu compte de la capture des forçats évadés des bagnes. — Des rapports mensuels établis à cet effet par compagnie, lui sont adressés, du 5 au 10 de chaque mois, par les chefs de légion. A la fin de chaque année, un tableau sommaire du même service lui fait connaître les résultats obtenus pendant les douze mois écoulés. — Ces rapports mensuels ne sont point adressés au ministre de la marine lorsqu'ils sont négatifs; mais les rapports annuels, même négatifs, lui sont toujours transmis.

CHAPITRE II. — Rapport de la gendarmerie avec les autorités locales.

Section Ire. — *Dispositions préliminaires.*

91. L'action des autorités civiles, administratives et judiciaires, sur la gendarmerie, en ce qui concerne son emploi, ne peut s'exercer que par des réquisitions.

92. Les réquisitions sont toujours adressées au commandant de la gendarmerie du lieu où elles doivent recevoir leur exécution, et, en cas de refus, à l'officier sous les ordres duquel est immédiatement placé celui qui n'a pas obtempéré à ces réquisitions. — Elles ne peuvent être données ni exécutées que dans l'arrondissement de celui qui les donne et de celui qui les exécute.

93. La main-forte est accordée toutes les fois qu'elle est requise par ceux à qui la loi donne le droit de requérir.

94. Les cas où la gendarmerie peut être requise sont tous ceux prévus par les lois et les règlements, ou spécifiés par les ordres particuliers du service.

95. Les réquisitions doivent énoncer la loi qui les autorise, le motif, l'ordre, le jugement ou l'acte administratif en vertu duquel elles sont faites.

96. Les réquisitions sont faites par écrit, signées, datées et dans la forme ci-après :

DE PAR L'EMPEREUR. — Conformément à la loi   , en vertu de   (loi, arrêté, règlement), nous requérons le (grade et lieu de résidence) de commander, faire   se transporter   arrêter, etc.,   et qu'il nous fasse part (si c'est un officier)   et qu'il nous rende compte (si c'est un sous-officier) de l'exécution de ce qui est par nous requis au nom de l'empereur.

97. Les réquisitions ne doivent contenir aucun terme impératif, tel que : *ordonnons*, *voulons*, *enjoignons*, *mandons*, etc., ni aucune expression ou formule pouvant porter atteinte à la considération de l'arme, et au rang qu'elle occupe parmi les corps de l'armée.

98. Lorsque la gendarmerie est légalement requise pour assister l'autorité dans l'exécution d'un acte ou d'une mesure quelconque, elle ne doit être employée que pour assurer l'effet de la réquisition, et pour faire cesser, au besoin, les obstacles et empêchements.

99. La gendarmerie ne peut être distraite de son service ni détournée des fonctions qui font l'objet principal de son institution, pour porter les dépêches des autorités civiles ou militaires; l'administration des postes devant expédier des estafettes extraordinaires, à la réquisition des agents du gouvernement, quand le service ordinaire de la poste ne fournit pas des moyens de communication assez rapides. — Ce n'est que dans le cas d'extrême urgence, et quand l'emploi des moyens ordinaires amènerait des retards préjudiciables aux affaires, que les autorités peuvent recourir à la gendarmerie pour la communication d'ordres et d'instructions qu'elles ont à donner. — Hors de ces circonstances exceptionnelles et très-rares, il ne leur est point permis d'adresser des réquisitions abusives qui fatiguent inutilement les hommes et les chevaux. — La gendarmerie obtempère aux réquisitions qui lui sont faites par écrit et lorsque l'urgence est indiquée; mais elle rend compte immédiatement de ce déplacement aux ministres de la guerre et de l'intérieur. Copie de ces réquisitions est adressée au chef de la légion.

100. La gendarmerie doit communiquer sans délai aux autorités civiles les renseignements qu'elle reçoit et qui intéressent l'ordre public. Les autorités civiles lui font les communications et réquisitions qu'elles reconnaissent utiles au bien du service. — Ces communications, verbales ou par écrit, sont toujours faites au commandant de la gendarmerie du lieu ou de l'arrondissement. Les autorités ne peuvent s'adresser à l'officier supérieur en grade que dans le cas où elles auraient à se plaindre de retard ou de négligence. — Les communications écrites entre les magistrats, les administrateurs et la gendarmerie doivent toujours être signées et datées.

101. Tout officier ou sous-officier de gendarmerie qui a fait le rapport d'un événement, doit rendre compte successivement des opérations qui en sont la suite, ainsi que de leur résultat : ces comptes doivent toujours rappeler la date du rapport primitif.

102. Les présidents des hautes cours de justice, les premiers présidents des cours impériales et les procureurs généraux, les préfets, les présidents des cours d'assises, les procureurs impériaux près ces mêmes cours, peuvent appeler auprès d'eux, par écrit, le commandant de la gendarmerie du département, pour conférer sur des objets de service. — Lorsque les hautes cours de justice, les cours impériales et les cours d'assises ne siègent point au chef-lieu du département, ces magistrats et fonctionnaires ne peuvent appeler auprès d'eux que l'officier commandant la gendarmerie de l'arrondissement. — Cet officier, pour des objets de service, peut être mandé, par écrit, auprès des sous-préfets et des procureurs impériaux près les tribunaux de première instance.

103. Les communications verbales ou par écrit, entre les autorités judiciaires ou administratives et la gendarmerie, doivent toujours avoir un objet déterminé de service, et n'imposent nullement aux militaires de cette arme l'obligation de se déplacer chaque jour pour s'informer du service qui pourrait être requis. Dans les cas extraordinaires, les officiers de gendarmerie doivent se rendre chez les autorités aussi fréquemment que la gravité des circonstances peut l'exiger, sans attendre des invitations de leur part. — Toutes les fois qu'ils ont à conférer avec les autorités locales, les officiers de gendarmerie doivent être en tenue militaire.

SECT. II. — *Rapports de la gendarmerie avec les autorités judiciaires.*

104. Les chefs d'escadron commandant la gendarmerie des départements informent sur-le-champ près les procureurs généraux près les cours impériales de tous les événements qui sont de nature à motiver des poursuites judiciaires.—Ces officiers supérieurs, ainsi que les commandants d'arrondissement, informent également sur-le-champ les procureurs impériaux, ou, à défaut, leurs substituts, des événements de même nature qui surviennent dans le ressort du tribunal près duquel ils exercent leurs fonctions. — Ils ne sont point tenus à des rapports négatifs.

105. Les mandements de justice peuvent être notifiés aux prévenus et mis à exécution par les gendarmes.

106. La gendarmerie peut être chargée de l'exécution des jugements des conseils de discipline de la garde nationale : les mandats d'exécution sont délivrés par le maire, dans la même forme que ceux des tribunaux de simple police.

107. La gendarmerie ne peut être employée à porter des citations aux témoins appelés devant les tribunaux que dans le cas d'une nécessité urgente et absolue. Il importe que les militaires de cette arme ne soient point détournés de leurs fonctions pour ce service, lorsqu'il peut être exécuté par les huissiers et autres agents. — Dans aucun cas, les gendarmes ne peuvent être employés comme garnisaires.

108. La notification des citations adressées aux jurés appelés à siéger dans les hautes cours de justice et dans les cours d'assises, est une des attributions essentielles de la gendarmerie. Cette notification a lieu sur la réquisition de l'autorité administrative.

109. Les détachements de gendarmerie, requis lors des exécutions des criminels condamnés par les cours d'assises, sont uniquement préposés pour maintenir l'ordre, prévenir ou empêcher les émeutes, et protéger, dans leurs fonctions, les officiers de justice chargés de mettre à exécution les arrêts de condamnation.

SECT. III. — *Rapports de la gendarmerie avec les autorités administratives.*

110. Le chef d'escadron commandant la gendarmerie du département, adresse chaque jour au préfet le rapport de tous les événements qui peuvent intéresser l'ordre public; il lui communique également tous les renseignements que lui fournit la correspondance des brigades, lorsque ces renseignements ont pour objet le maintien de l'ordre, et qu'ils peuvent donner lieu à des mesures de précaution ou de répression. — De semblables rapports sont adressés aux sous-préfets par les commandants d'arrondissement.

111. Les officiers commandant d'arrondissement adressent, en outre, tous les cinq jours, aux sous-préfets, un tableau sommaire de tous les délits et de toutes les arrestations dont la connaissance leur est parvenue par les rapports des brigades. — Ce tableau, en ce qui concerne l'arrondissement du chef-lieu de chaque département, est remis au préfet par le commandant de la compagnie.

112. Les officiers de gendarmerie commandants de compagnie et d'arrondissement ne sont pas tenus à des rapports négatifs, lorsque les correspondances des brigades ne donnent lieu à aucune communication.

113. Si les rapports de service font craindre quelque émeute populaire ou attroupement séditieux, les préfets, après s'être concertés avec l'officier général commandant le département, s'il est présent, et avec l'officier le plus élevé en grade de la gendarmerie en résidence au chef-lieu du département, peuvent requérir la réunion, sur le point menacé, du nombre de brigades nécessaire au rétablissement de l'ordre. — Il en est rendu compte sur-le-champ au ministre de l'intérieur par le préfet, et au ministre de la guerre par l'officier général ou par l'officier de gendarmerie.

114. Lorsque la tranquillité publique est menacée, les officiers de gendarmerie ne sont point appelés à discuter l'opportunité des mesures que les préfets croient devoir prescrire pour assurer le maintien de l'ordre; mais il est de leur devoir de désigner les points qui ne peuvent être dégarnis sans danger, et de communiquer à ces fonctionnaires tous les renseignements convenables, tant sur la force effective des brigades et leur formation en détachements, que sur les moyens de suppléer au service de ces brigades pendant leur absence.

115. Lorsque les autorités administratives ont adressé leurs réquisitions aux

commandants de la gendarmerie, conformément à la loi, elles ne peuvent s'immiscer en aucune manière dans les opérations militaires ordonnées par ces officiers pour l'exécution desdites réquisitions. Les commandants de la force publique sont dès lors seuls chargés de la responsabilité des mesures qu'ils ont cru devoir prendre, et l'autorité civile qui a requis ne peut exiger d'eux que le rapport de ce qui aura été fait en conséquence de sa réquisition.

116. Les préfets des départements, agissant en vertu de l'art. 10 du Code d'instruction criminelle, peuvent requérir les officiers de gendarmerie de faire, en leur qualité d'officiers de police judiciaire, et dans l'étendue de leur commandement, tous les actes nécessaires à la constatation des crimes, délits et contraventions.

117. Dans les cas urgents, les sous-préfets peuvent requérir des officiers commandant la gendarmerie de leur arrondissement, le rassemblement de plusieurs brigades, à charge d'en informer sur-le-champ le préfet, qui, pour les mesures ultérieures, se concerte avec l'officier général et le commandant de la gendarmerie du département, conformément aux prescriptions de l'art. 113 ci-dessus.

118. Les commissaires de police, dans l'exercice de leurs fonctions, peuvent requérir la gendarmerie en se conformant aux dispositions des art. 91 et suivants du présent décret.

119. Dans aucun cas, ni directement ni indirectement, la gendarmerie ne doit recevoir des missions occultes, de nature à lui enlever son caractère véritable. — Son action s'exerce toujours en tenue militaire, ouvertement, et sans manœuvres de nature à porter atteinte à la considération de l'arme.

120. Les chefs de légion sont tenus de rendre compte au ministre de la guerre de toute contravention aux dispositions contenues dans les sections I, II et III du présent chapitre, notamment en ce qui concerne la régularité des réquisitions.

SECT. IV. — *Rapports de la gendarmerie avec les autorités militaires.*

121. Les officiers de gendarmerie sont subordonnés aux généraux commandant les divisions et subdivisions militaires ; ceux qui résident dans les places où il y a état-major sont aussi subordonnés aux commandants de ces places, pour l'ordre qui y est établi. — Les généraux et les commandants de place reçoivent dans les cinq premiers jours de chaque mois, les états de situation numérique de la gendarmerie comprise dans l'étendue de leur commandement. Ces états sont adressés, savoir : aux généraux commandant les divisions et subdivisions militaires, par les commandants de compagnie ; et aux commandants de place, par l'officier ou sous-officier commandant la gendarmerie dans la résidence. — Les chefs de légion sont tenus d'informer les généraux commandant les divisions militaires des mutations qui surviennent parmi les officiers de tout grade de la gendarmerie employés dans ces divisions.

122. La subordination de service s'établit ainsi qu'il suit :
1° Dans l'état de paix, les officiers de gendarmerie sont subordonnés aux commandants de place, pour les objets qui concernent le service particulier de ces places, sans néanmoins être tenus de leur rendre compte du service spécial de la gendarmerie, ni de l'exécution d'ordres autres que ceux qui sont relatifs au service des places et à leur sûreté ; — 2° Dans l'état de guerre, les officiers de gendarmerie des arrondissements militaires et des places de guerre dépendent, dans l'exercice de leurs fonctions habituelles, des généraux commandant les divisions et subdivisions militaires, et ils sont tenus, en outre, de se conformer aux mesures d'ordre et de police qui intéressent la sûreté des places et postes militaires ; — 3° Dans l'état de siège, toute l'autorité résidant dans les mains du commandant militaire, est exercée par lui sur la gendarmerie comme sur les autres corps.

123. Aucun officier de gendarmerie, quel que soit son grade, ne peut quitter sa résidence, soit pour les tournées périodiques que lui prescrivent les règlements ou que nécessite son service, soit pour des affaires personnelles, quand il a obtenu un congé, sans avoir préalablement prévenu l'officier général commandant le département de l'absence qu'il doit faire, lui en avoir indiqué la durée déterminée ou probable, et lui avoir fait connaître son remplaçant. Il doit également informer cet officier général de son retour à son poste.

124. La gendarmerie, ayant des fonctions essentiellement distinctes du service purement militaire des troupes en garnison, l'état de siége excepté, elle ne peut être regardée comme portion de la garnison des places dans lesquelles elle est répartie. En conséquence, les généraux et commandants militaires ne passent point de revue de la gendarmerie, ne l'appellent point à la parade, et ne peuvent la réunir pour des objets étrangers à ses fonctions.

125. Dans les places de guerre, les commandants de gendarmerie sont autorisés, pour les cas urgents et extraordinaires, et lorsque les dispositions du service l'exigent, à demander l'ouverture des portes, tant pour leur sortie que pour leur rentrée ; ils s'adressent, à cet effet, aux commandants de place. — Les demandes sont toujours faites par écrit, signées, datées et dans la forme suivante :

SERVICE EXTRAORDINAIRE DE LA GENDARMERIE. — Brigade de   . En exécution (de l'ordre ou de la réquisition) qui nous a été donné par (indiquer ici l'autorité), nous, commandant la brigade de   , demandons que la porte d   nous soit ouverte à   heure , pour notre service, avec   gendarmes de la brigade sous nos ordres, et qu'elle nous soit pareillement ouverte pour notre rentrée.
       Fait à   le   18   .

Les commandants de place sont tenus , sous leur responsabilité, de déférer à ces réquisitions.

126. Les chefs de légion informent les généraux commandant les divisions militaires des événements extraordinaires qui peuvent donner lieu, de la part de ces généraux, à des dispositions particulières de service. — Ces événements sont : — Les émeutes populaires et attroupements armés ou non armés, qualifiés séditieux par la loi ; — Les attaques dirigées ou exécutées contre la force armée ; — Les excursions et attaques de malfaiteurs réunis en bandes ; — Les arrestations de provocateurs à la désertion, d'embaucheurs ou d'espions employés à lever le plan des places, ou à se procurer des renseignements sur la force ou le mouvement des troupes ; — Les découvertes de dépôts d'armes et de munitions de guerre ; — Les attaques de convois et de munitions de guerre ; — Le pillage des magasins militaires ; — Tous délits ou crimes commis par des militaires , ou dont ils seraient soupçonnés d'être les auteurs ou complices ; — Les rixes des militaires entre eux ou avec des individus non militaires ; les insultes et voies de fait de la part des militaires envers les citoyens ; — Enfin, ils leur doivent communication de tout ce qui pourrait intéresser l'ordre et la tranquillité publique.— Les mêmes rapports sont faits aux généraux commandant les subdivisions militaires ou les départements par les commandants de compagnie, qui sont, en outre, tenus de leur adresser journellement l'état des arrestations militaires dont la connaissance leur est parvenue par la correspondance des brigades , ainsi que le résultat de la surveillance exercée par la gendarmerie sur les troupes en marche dans toute l'étendue de leur commandement.

127. Les officiers de gendarmerie en résidence dans les places où il y a état-major font connaitre au commandant de place les événements qui sont de nature à compromettre la sûreté de la place et celle des postes militaires qui en dépendent.

128. Les officiers de gendarmerie et les commandants de brigades, étant appelés à concourir aux appels périodiques de la réserve de l'armée , sont tenus de correspondre directement avec les officiers généraux et les commandants des dépôts de recrutement, afin de les tenir constamment informés de tout ce qui a rapport aux hommes faisant partie de la réserve, en se conformant aux instructions spéciales sur ce service.

129. Dans tous les cas prévus par les art. 113 et 114 du présent décret, si le maintien ou le rétablissement de l'ordre ne peut être assuré qu'en déployant une plus grande force sur les points menacés , les généraux commandant les divisions et subdivisions militaires , indépendamment de l'emploi des troupes de ligne, peuvent ordonner, sur la réquisition des préfets, la formation des détachements de gendarmerie qu'exigent les besoins du service. — Ces détachements peuvent être composés d'hommes pris dans les compagnies limitrophes et faisant partie de la même division militaire ; mais, à moins d'ordres formels du ministre de la guerre, concertés avec le ministre de l'intérieur, les officiers généraux ne peuvent rassembler la totalité des brigades d'une compagnie pour les porter d'un département dans un autre. — Ils préviennent de ces mouvements les préfets des départements respectifs.

130. Les ordres que, dans les cas ci-dessus spécifiés, les généraux commandant les divisions et subdivisions militaires ont à donner aux officiers de gendarmerie, leur sont adressés directement et par écrit.

131. Toutes les fois qu'un ordre, adressé par ces généraux à un officier de gendarmerie, paraît à celui-ci de nature à compromettre le service auquel ses subordonnés sont spécialement affectés, il est autorisé à faire des représentations motivées. Si le général croit devoir maintenir son ordre, l'officier de gendarmerie est tenu de l'exécuter, mais il en est rendu compte au ministre de la guerre.

132. Les chefs de légion et les commandants de compagnie sont tenus de rendre compte aux généraux commandant les divisions et subdivisions territoriales des fautes graves qui auraient motivé, pour leurs subordonnés de tout grade, des punitions d'arrêts de rigueur ou de prison.

133. Les officiers rapporteurs près les conseils de guerre peuvent décerner des commissions rogato'res aux officiers de gendarmerie, à l'effet d'entendre des témoins, de recueillir des renseignements et d'accomplir tous les actes inhérents à leur qualité d'officier de police judiciaire.

134. Lors de l'exécution des jugements des tribunaux militaires, soit dans les divisions de l'intérieur, soit dans les camps ou armées, la gendarmerie, s'il y en a, ne peut être commandée que pour assurer le maintien de l'ordre, et reste

étrangère à tous les détails de l'exécution. — Un détachement de troupes de ligne est toujours chargé de conduire les condamnés au lieu de l'exécution, et, si la peine que doivent subir ces condamnés n'est pas capitale, ils sont, après que le jugement a reçu son effet, remis à la gendarmerie, qui requiert qu'une portion du détachement lui prête main-forte pour assurer le transfèrement et la réintégration des condamnés dans la prison.

135. Les commandants des corps de troupes de ligne ou de la garde nationale ne peuvent s'immiscer en aucune façon dans le service de la gendarmerie.

136. Si les officiers de gendarmerie reconnaissent qu'une force supplétive leur est nécessaire pour dissoudre un rassemblement séditieux, réprimer des délits, transférer un nombre trop considérable de prisonniers, pour assurer enfin l'exécution des réquisitions de l'autorité civile, ils en préviennent sur-le-champ les préfets ou les sous-préfets, lesquels requièrent, soit le commandant du département, soit le commandant de place, de faire appuyer l'action de la gendarmerie par un nombre suffisant de troupes de ligne. — Les demandes des officiers de gendarmerie contiennent l'extrait de l'ordre ou de la réquisition, et les motifs pour lesquels la main-forte est réclamée.

137. Dans les cas urgents, les officiers et sous-officiers de gendarmerie peuvent requérir directement l'assistance de la troupe de ligne, qui est tenue de déférer à leurs réquisitions et de leur prêter main-forte. Ils se conforment, pour ce service, aux dispositions du deuxième paragraphe de l'article précédent.

138. Lorsqu'un détachement de troupe de ligne est employé, conjointement avec la gendarmerie, pour un service de gendarmerie, le commandement appartient, à grade égal, à l'officier de cette dernière arme. — Si le chef du détachement est d'un grade supérieur à celui dont l'officier de gendarmerie est titulaire, il prend le commandement ; mais il est obligé de se conformer aux réquisitions qui lui sont faites par écrit par l'officier de gendarmerie, lequel demeure responsable de l'exécution de son mandat, lorsque l'officier auxiliaire s'est conformé à sa réquisition.

139. A défaut, ou en cas d'insuffisance de la troupe de ligne, les commandants de la gendarmerie requièrent main-forte de la garde nationale ; à cet effet, ils s'adressent aux autorités locales.

140. Les détachements de la garde nationale requis sont toujours aux ordres du commandant de la gendarmerie qui a fait la réquisition.

SECT. V. — Règles générales.

141. En plaçant la gendarmerie auprès des diverses autorités pour assurer l'exécution des lois et règlements émanés de l'administration publique, l'intention du gouvernement est que ces autorités, dans leurs relations et dans leur correspondance avec les chefs de cette force publique, s'abstiennent de formes et d'expressions qui s'écarteraient des règles et des principes posés dans les articles ci-dessus, et qu'elles ne puissent, dans aucun cas, prétendre exercer un pouvoir exclusif sur cette troupe, ni s'immiscer dans les détails intérieurs de son service. — Les militaires de tout grade de la gendarmerie doivent également demeurer dans la ligne de leurs devoirs envers lesdites autorités, en observant constamment avec elles les égards et la déférence qui leur sont dus.

SECT. VI. — Des honneurs à rendre par la gendarmerie.

142. Lors des voyages de l'empereur dans les départements, des détachements de gendarmerie sont placés sur la route qu'il doit parcourir, soit pour faire partie des escortes, soit pour assurer la libre circulation des voitures et équipages des personnes qui l'accompagnent. — Dans le cas où l'empereur voyage par la voie des chemins de fer, les détachements de gendarmerie sont placés aux gares de départ et d'arrivée, ainsi qu'aux stations intermédiaires. — Les chefs de légion reçoivent à cet égard des ordres particuliers.

143. Lorsque les ministres se rendent officiellement dans les départements, et que leur voyage est annoncé, chaque commandant de la gendarmerie en résidence dans les communes situées sur la route, se trouve au relais de poste ou à la station du chemin de fer, sur la ligne qu'ils doivent parcourir, afin de se tenir prêt à recevoir leurs ordres. — A l'arrivée des ministres au lieu de leur mission, le commandant de la gendarmerie du département, ou de l'arrondissement si ce n'est pas un chef-lieu de préfecture, se porte à leur rencontre, à deux kilomètres de la place, avec cinq brigades, pour les escorter jusqu'au logement qui leur est préparé, et où doit se rendre le chef de la légion ; il leur est fourni un gendarme de planton. — Les mêmes honneurs sont rendus aux ministres pour leur retour.

144. Lorsque les maréchaux de France, pourvus de commandement, se rendent pour la première fois dans la circonscription de leur commandement, le commandant de la gendarmerie du département se porte à leur rencontre, à un kilomètre de la place, avec cinq brigades, et les escorte jusqu'à l'hôtel du quartier général, où doit se trouver le chef de la légion, s'il réside sur ce point. — Ces honneurs

leur sont également rendus à leur départ. — Les maréchaux de France qui sont envoyés en mission dans les départements reçoivent ces mêmes honneurs à leur arrivée aux lieux de leur destination, ainsi qu'à leur départ.

145. Lors de la première entrée des généraux de division dans le chef-lieu de leur commandement, les commandants de gendarmerie se portent à leur rencontre, à un kilomètre de la place, avec trois brigades, et les escortent jusqu'à leur quartier général.

146. Lors de la première entrée des généraux de brigade commandant les subdivisions militaires dans le chef-lieu de leur commandement, les commandants de la gendarmerie vont à leur rencontre, à un kilomètre de la place, avec deux brigades, et les escortent jusqu'à leur hôtel.

147. Les inspecteurs généraux de gendarmerie, pendant le temps de leur revue, reçoivent, chacun suivant son grade, et dans l'étendue de l'arrondissement d'inspection qui lui est assigné, les mêmes honneurs militaires qui sont accordés par les règlements aux inspecteurs généraux d'armes.

148. Lors de la première entrée des préfets dans le chef-lieu de leur département, les commandants de la gendarmerie vont à leur rencontre, à un kilomètre de la ville, avec deux brigades, et les escortent jusqu'à l'hôtel de la préfecture.

149. Lorsque les préfets font des tournées administratives dans leurs départements, la gendarmerie des localités où ils passent exécute ou fait exécuter ce qui lui est demandé par ces magistrats pour la sûreté de leurs opérations et le maintien du bon ordre. En conséquence, les commandants d'arrondissement et de brigade, prévenus de l'arrivée des préfets, sont tenus de se trouver au logement qui leur est destiné, pour savoir si le service de la gendarmerie leur est nécessaire. — Dans le cas où les préfets font des réquisitions pour qu'il leur soit fourni une escorte, deux gendarmes sont mis à leur disposition pour ce service spécial.

150. Dans toute commune où se tient la haute cour de justice, le commandant de la gendarmerie se porte avec cinq brigades, à un kilomètre de la ville, au-devant du magistrat chargé de présider cette cour souveraine, et l'escorte jusqu'à son domicile. Les mêmes honneurs lui sont rendus lors de son départ. — Immédiatement après l'arrivée du président de la haute cour, tous les officiers supérieurs et autres de gendarmerie sont tenus de lui rendre visite.

151. Dans toute commune où se tiennent les assises, une brigade de gendarmerie se porte, cent pas au delà des portes de la ville, au-devant du magistrat qui vient les présider, et l'accompagne jusqu'au logement qui lui est destiné. Une brigade de gendarmerie l'accompagne également lors de son départ. — Les officiers supérieurs et autres de la gendarmerie lui rendent visite.

152. La gendarmerie est toujours en grande tenue pour les honneurs à rendre.

SECT. VII. — *Des cérémonies publiques et des préséances.*

153. Lorsque la gendarmerie accompagne le Saint-Sacrement aux processions de la Fête-Dieu, elle est en grande tenue et en armes ; deux sous-officiers ou gendarmes suivent immédiatement le dais ; le surplus du détachement marche entre les fonctionnaires et les assistants.

154. Dans les fêtes et cérémonies publiques, lorsque, à défaut d'autres troupes, la gendarmerie est dans le cas de fournir des gardes d'honneur, les diverses autorités se concertent avec le commandant de la gendarmerie de la résidence pour les escortes à donner ; elles ne peuvent être prises que dans la résidence même.

155. Dans la résidence d'un chef de légion, les officiers de gendarmerie se rendent chez lui, et, dans toute autre résidence, chez l'officier de gendarmerie le plus élevé en grade. Les officiers ainsi réunis vont prendre le général commandant la subdivision, et l'accompagnent chez le général de division. Dans les résidences où il n'existe point de généraux, les officiers se rendent directement chez le fonctionnaire qui occupe le premier rang dans la cérémonie.

156. Lorsque les cours de justice se rendent à une fête ou à une cérémonie publique, la gendarmerie, à défaut de troupes de ligne, est tenue de leur fournir des escortes ainsi composées, savoir : — Aux cours d'appel, deux brigades ; — Aux cours d'assises, une brigade ; — Aux tribunaux de première instance, deux gendarmes.

157. Dans les cérémonies et fêtes publiques, les chefs de légion de gendarmerie prennent rang, suivant leur grade, avec les officiers appartenant aux états-majors des divisions militaires. — Les chefs d'escadron commandant de compagnie prennent rang, suivant leur grade, avec les officiers de toutes armes attachés à la subdivision. — Les capitaines et lieutenants commandant la gendarmerie de l'arrondissement prennent rang dans l'état-major de la place.

158. Si, dans les chefs-lieux de légion, de compagnie ou d'arrondissement, l'état-major auquel les officiers de gendarmerie doivent se joindre, suivant leur

grade, n'existe pas, ces officiers se réunissent à l'état-major immédiatement inférieur dans l'ordre des préséances. — S'il n'existe pas d'état-major dans la résidence, les officiers de gendarmerie considérés, suivant leur grade, comme devant en faire partie, n'en ont pas moins le droit de prendre place dans le rang assigné à cet état-major.

SECT. VIII. — *Obligations personnelles et respectives.*

159. Toutes les fois qu'un officier de gendarmerie, quel que soit son grade, prend possession de son emploi, il fait dans les vingt-quatre heures de son arrivée, sa visite, en grande tenue, aux fonctionnaires civils et militaires du lieu de sa résidence qui sont dénommés avant lui dans l'ordre des préséances. — Dans les places de guerre, les commandants de place, quel que soit leur grade, sont compris dans le nombre des fonctionnaires militaires auxquels il est dû une première visite. — Les officiers de gendarmerie reçoivent la visite des fonctionnaires classés après eux dans l'ordre des préséances, et les rendent dans les vingt-quatre heures.

160. Il est expressément défendu à la gendarmerie de rendre d'autres honneurs que ceux déterminés plus haut et dans les cas qui y sont spécifiés, ni de fournir des escortes personnelles, sous quelque prétexte que ce soit. — Les gendarmes ne doivent point le salut aux sous-officiers de l'armée.

161. En général, et sauf les cas expressément déterminés par les articles 142 et suivants du présent décret, les gardes et escortes d'honneur pour les autorités ne sont fournies par la gendarmerie qu'à défaut de troupes de ligne, et en ayant, d'ailleurs, toujours égard aux besoins du service de sûreté publique. — Dans le cas où les réquisitions pour cet objet paraissent mal fondées, les chefs de corps font les représentations convenables avec tous les égards dus aux autorités constituées. Toutefois, si leurs représentations ne sont pas écoutées, ils obtempèrent aux réquisitions, sauf à rendre compte au ministre de la guerre des irrégularités qui ont pu avoir lieu.

TITRE III. — FONCTIONS INHÉRENTES A CHAQUE GRADE.

CHAPITRE Iᵉʳ. — FONCTIONS DES OFFICIERS DE TOUS GRADES.

SECTION 1ʳᵉ.—*Des chefs de légion.*

162. Les chefs de légion de gendarmerie surveillent l'ensemble du service, de l'administration et de la comptabilité des compagnies de leur légion.

163. Ils ne s'occupent point des détails du service, qui doit être réglé par le commandant de chaque compagnie ; cependant, s'ils s'aperçoivent de quelques négligences et inexactitudes, ou s'ils reçoivent des plaintes, ils se font rendre compte de la situation du service, réforment les abus qui s'y sont introduits, et donnent tous les ordres et instructions propres à assurer aux brigades une meilleure direction.

164. A cet effet, il leur est expressément réservé de tracer, par des circulaires ou des ordres du jour détaillés, la marche à suivre pour l'exécution des lois, décrets, règlements, instructions et décisions dont l'on s'écarte dans les compagnies, près desquelles ils sont placés comme inspecteurs permanents. — Il leur appartient également de diriger par les mêmes moyens l'application des mesures générales ou collectives prescrites par l'autorité supérieure.

165. Les chefs de légion de gendarmerie passent, par arrondissement, une revue annuelle des brigades sous leurs ordres : l'époque de cette revue préparatoire à l'inspection générale est fixée chaque année par le ministre de la guerre. — Tous les ans, ils changent les points de réunion des brigades, afin de pouvoir visiter, successivement et autant que possible, chaque brigade dans le lieu de sa résidence.

166. Avant de commencer leur revue et d'ordonner aucun mouvement de brigade, les chefs de légion informent les officiers généraux commandant les divisions et subdivisions militaires, ainsi que les préfets des départements où ils se rendent, des époques de la revue de chaque compagnie et des lieux de rassemblement des brigades. Ils préviennent également les sous-intendants militaires des jours où ils seront rendus au chef-lieu de chaque compagnie pour vérifier la comptabilité. — Ils font connaître préalablement au ministre de la guerre l'itinéraire qu'ils se proposent de suivre dans leurs tournées.

167. Lors de leurs revues, les chefs de légion s'informent près des différentes autorités si le service se fait avec exactitude, si les militaires de tout grade font preuve de zèle et de dévouement, et s'ils tiennent dans leur résidence une conduite exempte de reproche. — Il font avec le plus grand soin l'inspection des hommes, s'assurent s'ils connaissent les devoirs de leur état, et s'ils ont l'instruction nécessaire pour les bien remplir. Ils examinent si les chevaux sont bien nourris et en bon état, et si ceux admis en remplacement dans l'année sont d'un bon

choix et réunissent les qualités exigées. Ils examinent aussi l'état de l'habillement, de l'équipement et de l'armement ; ils voient si le tout est complet, uniforme et bien entretenu, et si l'on a fait les réparations et remplacements ordonnés à l'inspection générale précédente. — Ils profitent de la réunion des brigades pour leur recommander l'observation des devoirs que leurs fonctions leur imposent, le zèle le plus actif pour le service et la pratique de toutes les prescriptions concernant l'ordre intérieur, la police et la discipline. Ils donnent des éloges à ceux qui se sont distingués par leur bonne conduite et leur bon service, et ils en font une mention particulière sur le contrôle de revue. — Les chefs de légion réprimandent les hommes qui ont donné lieu à des plaintes fondées, et prononcent sur-le-champ les punitions que les officiers, sous-officiers, brigadiers et gendarmes ont encourues.

168. Les approvisionnements de fourrages sont l'objet d'une attention spéciale de la part des chefs de légion ; ils se font représenter les marchés passés par les brigades, constatent la qualité des denrées entrées en magasin, et s'assurent par tous les moyens qui sont à leur disposition, et particulièrement par l'examen des registres des fourrages, que les commandants d'arrondissement exercent toute la surveillance désirable sur la quotité livrée à la consommation, et que toutes les dispositions des règlements sur cette partie du service sont strictement observées.

169. L'instruction militaire et spéciale des officiers, sous-officiers, brigadiers et gendarmes, est également, de la part des chefs de légion, l'objet d'un examen minutieux. — Ils accordent, à cet effet, des encouragements aux militaires qui ont le plus efficacement contribué aux progrès des diverses parties de l'instruction spéciale et militaire, et signalent, au contraire, les officiers et les chefs de brigade qui, par insouciance ou incapacité, leur paraissent avoir négligé cette partie importante de leurs devoirs.

170. Ils se font rendre compte de l'état du casernement : les réparations et améliorations qu'ils jugent indispensables motivent, de leur part, des observations aux autorités administratives, auxquelles ils indiquent aussi les moyens de pourvoir au casernement des brigades dont les hommes se trouvent logés isolément. — Ces observations sont consignées dans le rapport que le chef de légion remet à l'inspecteur général sur la situation du casernement.

171. Dans l'intervalle des revues annuelles, les chefs de légion transmettent au ministre de la guerre, sans attendre sa demande, les états descriptifs des bâtiments affectés au casernement des brigades, immédiatement après la passation ou le renouvellement des baux. Ils y joignent les observations dont la disposition de ces bâtiments leur paraît susceptible sous le double rapport de l'exécution du service et du bien-être des hommes et des chevaux.

172. Les chefs de légion transmettent, du 5 au 10 de chaque mois, aux ministres compétents, et après les avoir visés, les états récapitulatifs du service fait par les compagnies pendant le mois précédent, selon les attributions des différents ministères, conformément aux articles 74, 80, 83, 87 et 90 du présent décret.

173. Indépendamment des états mensuels indiqués par l'article précédent, les chefs de légion adressent au ministre de la guerre, du 5 au 10 du premier mois de chaque trimestre, un état général des punitions infligées dans la légion aux officiers, sous-officiers, brigadiers et gendarmes, rédigé d'après les états particuliers envoyés chaque mois par les commandants de compagnie.

174. Dans les cinq premiers jours de chaque trimestre, les chefs de légion doivent centraliser les états des jugements et arrêts qui ont été notifiés aux compagnies sous leurs ordres pendant le trimestre précédent; ils en dressent un seul état sur lequel sont portées les notifications concernant la légion tout entière, et le transmettent au ministre de la guerre, par l'intermédiaire du général commandant la division militaire dans laquelle le chef de légion de gendarmerie a sa résidence. Cet état est signé du chef de la légion seulement, et revêtu du cachet de cet officier supérieur.

175. Les chefs de légion tiennent :

1° Un registre de leurs ordres du jour et circulaires concernant le service de la gendarmerie ; — 2° Un registre d'analyse des lettres et des ordres qu'ils reçoivent des ministres et des autorités militaires ; — 3° Un registre de correspondance contenant les minutes des lettres et rapports qu'ils adressent ; — 4° Un registre des punitions qu'ils sont dans le cas d'infliger, ou dont il leur est rendu compte par les commandants de compagnie, ainsi que des bonnes ou mauvaises notes qu'ils recueillent sur leurs subordonnés ; — 5° Un registre du personnel des officiers, sur lequel ils inscrivent à mesure toutes les punitions qui leur sont infligées, et, au moins deux fois par an (1er janvier et 1er juillet), des notes sur leur conduite et leur manière de servir.

Les divers registres et les documents de toute espèce qui composent les archives sont classés par numéro d'ordre, et remis sur inventaire, en cas de changement du titulaire, à l'officier supérieur qui le remplace dans le commandement de la légion. — Quant au registre du personnel, il est cacheté et déposé aux archives de la légion jusqu'au retour du titulaire ou jusqu'à l'arrivée de son successeur.

Sect. II. — *Des commandants de compagnie.*

176. Les commandants des compagnies de gendarmerie sont spécialement chargés de la direction et des détails du service dont ils surveillent l'exécution ; ils entretiennent, à cet effet, les relations directes et habituelles avec les autorités civiles et militaires, et rendent compte, chaque jour, au chef de légion, par un rapport général, de tous les faits portés à leur connaissance par la correspondance des commandants d'arrondissement. — Les diverses obligations qu'ils ont à remplir envers les autorités locales sont indiquées par les articles 110 et suivants du présent décret.

177. Les premiers soins d'un commandant de compagnie doivent être d'inspirer aux officiers, sous-officiers, brigadiers et gendarmes sous ses ordres la connaissance et l'amour des devoirs qu'ils sont appelés à remplir, de leur faciliter la pratique de leur service par ses conseils, par l'usage équitable de son autorité, et par une constante sollicitude pour leur bien-être. Il est l'intermédiaire indispensable de toutes leurs demandes ; il doit s'attacher à connaître le caractère et l'intelligence de chacun d'eux, pour être à portée de les traiter en toute circonstance avec une justice éclairée. Il est responsable de la police, de la discipline, de la tenue, de l'instruction militaire et spéciale, aussi bien que de l'administration de sa compagnie. Il préside enfin le conseil d'administration.

178. Nonobstant le droit réservé aux chefs de légion, par l'article 164 du présent décret, de tracer, par des circulaires mises à l'ordre des compagnies, la marche à suivre pour l'exécution des règlements de service, les commandants de compagnie conservent la faculté de rappeler directement à leurs subordonnés, par des ordres du jour, lorsqu'ils en reconnaissent la nécessité, les dispositions des règlements généraux, en ce qui concerne les détails du service, l'administration et la comptabilité dont ils sont personnellement responsables. Copie de ces ordres est adressée immédiatement au chef de légion. — Les circulaires ou ordres du jour des compagnies qui traitent de matières politiques ou d'intérêt général, doivent être soumis aux chefs de légion, et visés par eux, avant d'être adressés aux commandants d'arrondissement et de brigade.

179. Les commandants de compagnie font deux tournées par an pour l'inspection de leurs brigades : la première commence vers le 15 avril, et la seconde vers le 15 octobre. Toutefois, cette dernière ne doit avoir lieu qu'un mois après l'inspection générale de la compagnie. — Ils vérifient avec le plus grand soin si les sous-officiers, brigadiers et gendarmes font exactement leur service ; s'ils vivent en bonne police et discipline dans leur résidence, et n'y contractent point de dettes qui occasionneraient des réclamations ; si, dans leurs courses, ils se comportent avec décence et honnêteté, s'ils ne donnent pas lieu à quelques plaintes par des vexations, violences, abus de pouvoir ou excès commis sous prétexte de leurs fonctions. — Ils s'assurent également si les brigades prêtent main-forte dans les cas prévus par le présent décret ; si l'on se conforme aux règles qui y sont établies pour les réquisitions ; s'il n'y a point de prétentions et d'exigences mal fondées de la part des autorités, ou d'opposition de la part des commandants d'arrondissement et de brigade ; si les gendarmes ne sont pas employés à des services qui leur sont étrangers, ou s'ils ne se refusent pas à ceux qu'on est en droit d'exiger d'eux. — Les plaintes et les réclamations adressées à ce sujet sont vérifiées par les commandants de compagnie, qui font des réprimandes ou infligent des punitions, s'il y a lieu, à leurs subordonnés, et en rendent compte aux chefs de légion.

180. Les commandants de compagnie, dans leurs tournées, doivent s'assurer que les registres et feuilles de service des brigades sont à jour, qu'ils sont tenus avec soin et méthode, et qu'ils ne présentent aucune omission ; ils doivent aussi consigner sur le registre des ordres du jour et circulaires les observations auxquelles cet examen a donné lieu, et apposer leur visa sur tous les registres indistinctement, au milieu de la page et immédiatement au-dessous de la dernière inscription. Ils réprimandent et punissent les sous-officiers et brigadiers qui ne tiennent pas leurs écritures avec exactitude. Toutefois, les différents registres ne doivent être visés par les commandants de compagnie qu'autant que de nouvelles inscriptions y ont été faites, depuis leur précédente tournée, par les commandants d'arrondissement. — Ils vérifient également si les registres que doivent avoir ces officiers sont tenus avec ordre et méthode.

181. Les commandants de compagnie visitent les casernes, et voient si elles sont tenues dans le meilleur état de propreté, s'il ne s'y commet point de dégradations, si le logement de chaque homme est convenable et choisi en raison des besoins de famille ; ils voient les chevaux à l'écurie, s'assurent s'ils sont bien nourris, régulièrement pansés et ferrés ; enfin, ils examinent l'état de l'habillement, de

l'équipement et de l'armement, ordonnent les réparations à y faire, et prennent des notes sur tous ces objets pour les comprendre dans le rapport qu'ils doivent adresser au colonel de la légion sur l'ensemble de leur tournée. — Ils consignent au registre d'ordre le résultat de leurs observations, particulièrement en ce qui concerne l'état d'entretien des chevaux.

182. Les commandants de compagnie s'informent si la solde parvient régulièrement aux brigades, si elle n'éprouve point de retard, et si chaque homme reçoit exactement ce qui lui revient, et n'a pas de réclamations à faire.

183. Dans les cinq jours qui suivent la fin de leur tournée, les commandants de compagnie adressent au chef de légion un rapport circonstancié sur les résultats de cette revue, en y ajoutant les propositions qu'ils jugent utile de lui soumettre dans l'intérêt du service.

184. Du 1er au 5 de chaque mois, les commandants de compagnie adressent en triple expédition aux chefs de légion les états récapitulatifs du service fait par les brigades, pendant le mois précédent, dans les attributions des ministres de la guerre, de l'intérieur, et, s'il y a lieu, de la justice et de la marine, conformément aux articles 74, 80, 83, 87 et 90 du présent décret.

185. Les commandants de compagnie adressent, du 1er au 5 de chaque mois, aux généraux commandant les subdivisions militaires, un état nominatif des membres de la Légion d'honneur décédés, pendant le mois précédent, dans l'étendue de leur département. Cet état doit comprendre les noms et prénoms des légionnaires décédés, la date et le lieu de leur décès, leur position militaire, ainsi que leur grade dans la Légion d'honneur, et, autant que possible, la date de leur nomination à ce grade.

186. Lorsqu'il y a lieu de passer ou de renouveler des baux pour le casernement des brigades de gendarmerie, les commandants de compagnie transmettent, avec leur visa, aux chefs de légion, l'état descriptif des bâtiments affectés à cette destination, dressé par le commandant d'arrondissement. Cette transmission doit être effectuée immédiatement après la passation des baux par l'autorité administrative.

187. Les commandants de compagnie tiennent :
1° Un registre de leurs ordres du jour et circulaires concernant le service ; — 2° Un registre de correspondance avec les autorités civiles et militaires, ainsi qu'avec le chef de légion et les officiers sous leurs ordres ; — 3° Un registre des rapports et des renseignements qu'ils reçoivent sur des objets pouvant intéresser l'ordre public ; — 4° Un registre des déserteurs et insoumis dont la recherche est ordonnée dans le département ; — 5° Un registre des individus en surveillance dans le département, et dont la résidence obligée aura été indiquée par l'autorité administrative ; — 6° Un registre de discipline sur lequel ils inscrivent les actions remarquables, les opérations importantes, les fautes commises ainsi que les punitions infligées par eux dans la compagnie, ou dont il leur est rendu compte par les commandants d'arrondissement dans leur rapport journalier. Un extrait de ce registre est adressé, du 1er au 5 de chaque mois, au chef de légion.

Les lettres, ordres et minutes de correspondance sont classés avec un numéro d'ordre. — Lorsqu'un officier quitte le commandement d'une compagnie, ces pièces, registres et documents sont remis, sur inventaire, à l'officier qui le remplace.

SECT. III. — *Des capitaines et des lieutenants commandants d'arrondissement.*

188. Les officiers de gendarmerie commandants d'arrondissement ont la surveillance de tous les devoirs habituels des brigades ; ils entretiennent une correspondance suivie avec le commandant de la compagnie, auquel ils rendent compte, par un rapport journalier, de tous les faits portés à leur connaissance par la correspondance des brigades. Ils lui signalent les obstacles qui peuvent se rencontrer dans l'exécution du service qui leur est confié. — Les diverses obligations que les officiers ont à remplir envers les autorités locales leur sont indiquées par les articles 110 et suivants du présent décret.

189. Si, dans l'étendue de leur commandement, il survient quelque événement extraordinaire de nature à influer d'une manière quelconque sur la tranquillité publique, les commandants d'arrondissement se transportent immédiatement sur les lieux, et s'empressent d'en rendre compte au commandant de la compagnie. Dans le cas où cet événement nécessite de promptes mesures, ils informent cet officier supérieur des dispositions qu'ils ont cru devoir prendre en attendant ses ordres.

190. Les commandants d'arrondissement font annuellement quatre tournées pour la revue de leur brigade, savoir : dans les mois de février, mai, août et novembre.

191. Dans leurs tournées, les commandants d'arrondissement s'informent,

auprès des autorités locales, si le service est fait sur tous les points avec exactitude et activité ; si les brigades visitent au moins deux fois par mois toutes les communes de leur circonscription ; si elles surveillent les vagabonds et repris de justice qui peuvent s'y trouver, et si elles recherchent les déserteurs et tous autres individus signalés.

192. Ces officiers font l'inspection des casernes et des chevaux ; ils passent une revue détaillée de tous les effets d'habillement, d'équipement et de harnachement ; ordonnent les réparations qu'ils jugent nécessaires pour l'amélioration de la tenue ; prononcent la réforme des effets hors de service, et donnent des ordres aux chefs de brigade pour qu'ils soient vendus ou détruits dans le plus bref délai.

193. Dans ces mêmes tournées, ces officiers sont tenus d'exercer une exacte surveillance sur tous les détails de la gestion des fourrages des commandants de brigade, et sur les dispositions prises par ces derniers pour que les chevaux reçoivent la totalité de la ration réglementaire en denrées de bonne qualité. — Ces sous-officiers leur remettent, en même temps, les quittances des fournisseurs de fourrages pour les rations consommées pendant le mois précédent. Ces quittances sont conservées entre leurs mains pour être représentées, au besoin, au commandant de la compagnie, et, s'il y a lieu, au chef de légion, lors de sa revue.

194. Les tournées des commandants d'arrondissement ne peuvent être un motif ni un prétexte d'interrompre ou de retarder l'exécution du service. Les chefs de brigade, nonobstant l'avis donné par ces officiers de leur arrivée pour une revue, n'en doivent pas moins déférer aux réquisitions qui leur sont adressées, et envoyer aux correspondances les hommes qu'ils sont tenus d'y fournir.

195. Les commandants d'arrondissement doivent se conformer aux dispositions de l'article 180 du présent décret, pour le visa qu'ils ont à apposer sur les différents registres des brigades pendant leurs tournées périodiques. En outre, ils consignent au registre d'ordres de la brigade le résultat de leurs observations sur l'instruction spéciale et militaire, ainsi que sur la gestion des fourrages et sur l'état d'entretien des chevaux, au jour de leur inspection.

196. Dans les cinq jours qui suivent la fin de leur tournée, les commandants d'arrondissement adressent au commandant de la compagnie un rapport détaillé sur les résultats de cette revue, en y joignant les propositions qu'ils jugent utile de leur soumettre dans l'intérêt du service des brigades.

197. Dans l'intervalle des tournées, les commandants d'arrondissement doivent se porter, de temps à autre, sur les différents points où les brigades correspondent entre elles, afin de connaître si ce service se fait avec ponctualité, et si les gendarmes sont dans une tenue régulière. — La présence de ces officiers sur les points de correspondance est constatée par leur signature apposée, non-seulement sur les feuilles de service, mais encore sur les carnets de correspondance.

198. Les commandants d'arrondissement sont chargés d'établir et d'adresser au commandant de la compagnie, sans attendre sa demande, les états descriptifs des bâtiments proposés ou désignés pour le casernement des brigades sous leurs ordres. Cet envoi doit avoir lieu immédiatement après la passation ou le renouvellement des baux par les autorités administratives.

199. Ils transmettent, avant le 5 de chaque mois, au commandant de la compagnie, après y avoir inscrit leurs observations sur le service fait pendant le mois précédent, les feuilles de service des brigades dont l'établissement est prescrit par l'article 234 du présent décret. — Ils joignent à cet envoi un état récapitulatif du service de leur arrondissement pendant le même laps de temps.

200. Les commandants d'arrondissement sont tenus d'être pourvus des registres ci-après, savoir :

1° Registre des ordres du jour et circulaires de la compagnie ; — 2° Registre de correspondance et rapports ; — 3° Registre analytique des procès-verbaux ; — 4° Registre des mandats de justice ; — 5° Registre des déserteurs et insoumis signalés ; —6° Registre des individus en surveillance dans l'arrondissement ;— 7° Registre des officiers en congé ; — 8° Registre des punitions infligées aux sous-officiers, brigadiers et gendarmes de l'arrondissement ; — 9° Contrôle du personnel et des chevaux de l'arrondissement.

Les lettres, ordres et minutes de correspondance sont classés avec un numéro d'ordre. — Lorsqu'un officier quitte le commandement d'un arrondissement, ces pièces, registres et documents, dont il est fait inventaire, sont toujours remis à l'officier qui le remplace.

SECT. IV. — Des trésoriers.

201. Les trésoriers de gendarmerie remplissent les fonctions de secrétaire près du conseil d'administration, ils sont chargés, sous la direction et la surveillance de ces conseils, de toutes les opérations qui concernent la comptabilité en deniers et en matières ; ils sont également chargés de tous les détails qui constituent le service de l'habillement et de l'armement de la compagnie, et de la tenue de tous

registres qui s'y rapportent. — Ils sont secondés et suppléés au besoin, dans ce service, par les maréchaux des logis adjoints.

202. Ils sont responsables de la conservation et du renouvellement des modèles-types, des étoffes et des effets de toute nature qui composent l'approvisionnement du magasin.

203. Ils correspondent directement, en qualité de secrétaires du conseil, avec les commandants d'arrondissement et de brigade, pour tout ce qui est relatif à la solde, à l'habillement, à l'armement et à la transmission des mandats, pièces comptables, effets et imprimés.

204. Ils sont spécialement chargés, par les conseils d'administration, de l'établissement des contrôles de revue et de la tenue des registres matricules des hommes et des chevaux. — Les obligations spéciales et personnelles des trésoriers de gendarmerie sont déterminées par le règlement d'administration de l'arme.

205. Les trésoriers tiennent un registre analytique des procès-verbaux que reçoit le commandant de la compagnie ; ces procès-verbaux sont classés par ordre de dates, et déposés dans les archives, afin qu'on puisse y recourir au besoin.

206. Les trésoriers de gendarmerie ne s'occupent point des détails du service, à moins qu'ils ne se trouvent les seuls officiers présents à la résidence.

207. En cas de remplacement d'un trésorier, la remise, sur inventaire, des fonds, registres, documents et archives dont il est dépositaire ou détenteur, est toujours faite en séance du conseil d'administration, en présence du sous-intendant militaire, qui dresse procès-verbal de cette opération.

Sect. V. — *Obligations communes à tous les grades d'officiers.*

208. Dans tous les lieux de résidence où se trouvent plusieurs officiers, celui du grade inférieur se rend chaque jour au rapport, à l'heure qui lui est indiquée, chez l'officier du grade immédiatement supérieur ou qui en remplit les fonctions. — Les trésoriers ne sont pas dispensés de cette obligation envers le commandant de la compagnie.

209. Les officiers de tout grade de la gendarmerie sont, comme ceux des autres armes, astreints à porter l'uniforme. — Dans le service et lors de leurs revues et tournées, ils doivent toujours être en tenue militaire. — Cette tenue est également obligatoire pour eux, non-seulement dans les réunions officielles, mais encore dans celles qui ont lieu chez une autorité quelconque, soit civile, soit militaire. — Hors du service, la tenue de ville peut être permise aux officiers de gendarmerie, attendu qu'ils ne font pas partie de la garnison proprement dite de leurs résidences. Les généraux commandant les divisions militaires sont juges, en dernier ressort des circonstances où ces tolérances de tenue peuvent être accordées.

210. Il est expressément défendu aux officiers de tout grade de la gendarmerie, lors de leurs revues, d'accepter ni logement ni repas chez leurs inférieurs.

211. Lors des vacances d'emplois, et en cas d'absence ou de maladie, les remplacements provisoires ont lieu, pour chaque grade d'officier, ainsi qu'il suit : — Le chef de légion, par le plus ancien chef d'escadron de la légion ; — Le chef d'escadron, par le plus ancien capitaine de la compagnie ; — Le commandant de l'arrondissement du chef-lieu de la compagnie, par l'adjudant ou le maréchal des logis chef, et, dans tout autre arrondissement, par le plus ancien maréchal des logis, et, au besoin, par l'adjudant ou le maréchal des logis chef ; — Le trésorier, par le maréchal des logis adjoint de la compagnie, ou, à son défaut, par un maréchal des logis adjoint d'une autre compagnie de la même légion, sur la désignation du colonel, qui en rend compte immédiatement au ministre. — Les officiers, momentanément en service extraordinaire dans leurs arrondissements respectifs ou en tournée, ne sont point considérés comme absents de leurs postes. Ils sont suppléés, pour le service journalier, par le militaire le plus élevé en grade de leur résidence.

CHAPITRE II. — Fonctions des sous-officiers de tout grade.

Section Ire. — *Des adjudants, maréchaux des logis chefs, maréchaux des logis adjoints aux trésoriers et brigadiers-secrétaires.*

212. Les adjudants ont autorité et inspection immédiate sur les sous-officiers et brigadiers du chef-lieu de la légion pour tout ce qui a rapport au service, à la tenue et à la discipline. Ils sont placés sous les ordres du commandant de l'arrondissement, à qui ils doivent des rapports journaliers sur tout ce qui est relatif au service intérieur et au bon ordre. — Ils sont spécialement chargés de la direction du service intérieur et extérieur. Les chefs de brigade de la résidence leur rendent compte, immédiatement, de tous les faits qui sont venus à leur connaissance par les hommes rentrant de correspondance ou de tournées de communes. — Ils font tenir, sous leur direction et leur responsabilité, par un des sous-offi-

ciers ou brigadiers de la résidence, toutes les écritures des brigades du chef-lieu ; ils s'assurent fréquemment que les registres sont constamment tenus à jour.

213. A l'expiration des punitions de prison ou de salle de police, subies au chef-lieu de la légion, les adjudants font élargir les sous-officiers, brigadiers et gendarmes punis, et les renvoient à leurs résidences respectives, après avoir pris les ordres du commandant de la compagnie.

214. Ils remplissent, à l'égard des brigades du chef-lieu de la légion, tous les devoirs de surveillance imposés aux chefs de brigade dans les autres résidences, par les art. 222 et suivants du présent décret.

215. En cas d'absence, même momentanée, l'adjudant est toujours remplacé à la caserne, par un des commandants de brigade de la résidence.

216. L'adjudant fait, au moins une fois chaque mois, dans les cantons soumis à la surveillance des brigades du chef-lieu, des tournées de communes, pour s'assurer, auprès des autorités locales, que le service de la gendarmerie s'y exécute avec régularité. — Il visite également de temps à autre les points de correspondance des brigades placées sous son commandement. — Sa présence aux points de correspondance est constatée par son visa sur les feuilles de service.

217. Il est dépositaire et responsable envers le commandant de l'arrondissement de la conservation de tous les registres et documents relatifs au service des brigades de la résidence du chef-lieu de la légion. — En cas de remplacement, il remet à son successeur, sur inventaire, toutes les pièces et archives concernant le service.

218. L'adjudant remplace de droit, dans le commandement de l'arrondissement du chef-lieu de légion, l'officier absent pour service ou pour toute autre cause. Il peut, au besoin, être chargé du commandement temporaire d'un autre arrondissement.

219. Les maréchaux des logis chefs remplissent, au chef-lieu de chaque compagnie, toutes les fonctions attribuées aux adjudants dans les chefs-lieux de légion par les articles ci-dessus.

220. Les maréchaux des logis adjoints aux trésoriers sont chargés de seconder ces officiers dans tous les détails du service qui leur est attribué par les art. 201 et suivants du présent décret. — Ils peuvent être investis par ces officiers, qui en demeurent responsables, de la garde du magasin d'habillement et d'armement, et de la conservation des effets de toute nature, des armes et des munitions qui s'y trouvent déposées. — En cas d'absence ou de maladie, ils remplacent les trésoriers, et deviennent, dès lors, seuls responsables envers le conseil d'administration de toute la gestion qui leur est confiée.

221. Les brigadiers-secrétaires des chefs de légion sont employés aux travaux d'ordre et d'écritures que nécessite le service de la légion.

SECT. II. — *Des commandants de brigade.*

222. Le premier soin d'un commandant de brigade doit être de donner à ses subordonnés l'exemple du zèle, de l'activité, de l'ordre et de la subordination ; il doit exercer son autorité envers ses inférieurs avec fermeté, mais sans brusquerie, et ne montrer à leur égard, ni hauteur ni familiarité. — Il est personnellement responsable de tout ce qui est relatif au service, à la tenue, à la police et au bon ordre de sa brigade.

223. Il doit user, au besoin, envers ses subordonnés des moyens de répression et de discipline que les règlements mettent à sa disposition, et, si ces moyens sont insuffisants, en appeler à l'autorité de ses supérieurs ; mais il ne doit jamais oublier que c'est surtout par son ascendant moral qu'il doit s'efforcer de leur inculquer l'amour des devoirs qu'ils sont appelés à remplir, et le sentiment de la dignité personnelle qui doit caractériser des hommes appartenant à une arme d'élite.

224. Tous les jours, avant six heures du matin, en été, et avant huit heures, en hiver, le commandant de la brigade règle le service, et donne des ordres pour son exécution. — Dans tous les lieux de résidence d'un commandant d'arrondissement, le maréchal des logis, commandant de brigade, se rend chaque jour à l'ordre chez cet officier, à l'heure qui lui est indiquée.

225. Les commandants de brigade rendent compte, par un rapport journalier, à leur chef immédiat, de l'exécution du service ; ce rapport contient le détail de tous les événements dont la connaissance leur est parvenue dans les vingt-quatre heures.—Dans les cas urgents, si leur rapport doit éprouver le moindre retard par la transmission hiérarchique, ils peuvent correspondre directement avec le commandant de la compagnie. Ces rapports directs ne les dispensent pas de rendre immédiatement les mêmes comptes à leur commandant d'arrondissement.

226. Les commandants de brigade surveillent l'intérieur des casernes ; ils ont soin de les faire entretenir dans le meilleur état de propreté, et ils empêchent qu'il y soit commis aucune dégradation.

227. Autant que le service le permet, les chevaux sont pansés à la même heure :

les commandants de brigade sont présents au pansage, ainsi qu'aux distributions de fourrages ; ils sont responsables des négligences ou abus qu'ils auraient tolérés ou autorisés dans le régime alimentaire des chevaux.

228. Les commandants de brigade défendent expressément, sous leur responsabilité personnelle, aux militaires sous leurs ordres, de prêter leurs chevaux, ou de les employer à tout autre usage que pour le service ; les gendarmes qui contreviennent à cette défense sont punis ; ils encourent la réforme lorsqu'il y a récidive.

229. Les commandants de brigade veillent à ce que les chevaux des gendarmes malades ou absents reçoivent les soins convenables ; ils les font promener et peuvent les employer pour le service ; dans ce cas, le gendarme qui monte le cheval d'un homme malade ou absent est responsable des accidents qui proviennent de défaut de soin ou de ménagement. Lorsque ce gendarme rentre à la caserne, il doit prévenir sur-le-champ le commandant de la brigade, pour que celui-ci inspecte le cheval avant qu'il soit conduit à l'écurie.

230. Les gendarmes commandés pour un service ne doivent jamais sortir de la caserne avant que le chef de la brigade ait passé l'inspection des hommes, des chevaux et des armes. Au retour, la même inspection est faite pour voir si les hommes rentrent dans une bonne tenue, et si les chevaux n'ont pas été surmenés.

231. Les tournées, conduites, escortes et correspondances périodiques de chaque brigade sont toujours faites par deux hommes au moins ; les maréchaux des logis chefs, les maréchaux des logis et brigadiers roulent avec les gendarmes pour ce service. Il doit être établi de manière que les hommes qui ont été employés hors de la résidence fassent immédiatement le service intérieur de la brigade, à moins que des circonstances particulières de maladies ou autres empêchements ne forcent d'intervertir cet ordre.

232. Le commandant de brigade prépare et régularise les pièces pour le transfèrement des prisonniers et l'exécution des mandats de justice, des réquisitions et des ordres de conduite. Il donne connaissance aux gendarmes des ordres du jour et des signalements des individus dont la recherche est prescrite ; il fixe le service des tournées de communes, courses et patrouilles, et commande en même temps celui de la résidence, en se conformant aux dispositions de l'article précédent.

233. Les commandants de brigade sont spécialement chargés de tenir constamment à jour, avec soin, avec méthode et sans omission, tous les registres et carnets qui servent à constater les opérations de la brigade. Ces registres sont au nombre de treize, conformément à la nomenclature ci-après : — N° 1. Registre des ordres du jour et circulaires. — N° 2. Registre des rapports et de la correspondance. — N° 3. Registre des procès-verbaux. — N° 4. Registre de l'inscription des mandats de justice. — N° 5. Registre des déserteurs signalés. — N° 6. Registre des individus en surveillance. — N° 7. Registre des transfèrements de prisonniers. — N° 8. Registre-carnet de correspondance. — N° 9. Registre des gardes champêtres. — N° 10. Registre des militaires en congé. — N° 11. Registre des punitions. — N° 12. Registre des fourrages. — N° 13. Registre des quittances des fournisseurs de fourrages.

234. Indépendamment de ces treize registres, au moyen desquels sont constatées toutes les opérations de l'arme, le service habituel de chaque brigade est relaté par des journaux ou feuilles de service en double expédition, dont l'une est adressée, le premier jour de chaque mois, au commandant de la lieutenance, avec un état récapitulatif du service fait par la brigade, pendant le mois précédent, tandis que l'autre reste déposée aux archives de cette brigade. Ces feuilles sont présentées à la signature des maires, adjoints et autres personnes notables des diverses communes, à l'effet de constater officiellement les tournées et autres services faits par les gendarmes. — Les commandants de brigade y inscrivent chaque jour le service fait tant à la résidence que hors la résidence, et les soumettent au visa des officiers dans leurs tournées, ou lorsqu'ils visitent les points de correspondance.

235. Les commandants de brigade sont responsables de l'instruction théorique et pratique de leurs subordonnés : à cet effet, ils exigent que chaque gendarme, encore assez jeune pour pouvoir améliorer ou compléter son instruction élémentaire, soit pourvu d'un cahier d'écriture sur lequel il transcrit des articles du règlement ou des modèles de procès-verbaux, dont ils ont indiqué à l'avance le sujet. Ce cahier est soumis, chaque semaine, au commandant de la brigade, qui, après s'être fait expliquer les articles du règlement qu'il y trouve copiés, et s'être assuré par des questions qu'ils ont été suffisamment compris, y appose sa signature. Les mêmes cahiers sont présentés, lors des tournées, à l'examen des officiers, qui les visent à leur tour, et émettent leur opinion sur les progrès obtenus. Les sous-officiers ou brigadiers qui dirigent avec le plus de zèle ce genre d'instruction dans leur brigade, et les gendarmes qui se font remarquer par leurs progrès, peuvent être proposés par les inspecteurs généraux au ministre de la guerre pour des gratifications spéciales.

236. En cas de vacances d'emploi, d'absence ou de maladie, le service de la brigade est dirigé par le plus ancien des gendarmes présents. Si ce gendarme n'est pas en état de tenir les écritures, elles sont confiées à un autre gendarme de la résidence, ou, au besoin, d'une résidence voisine. — Le chef de légion peut, d'ailleurs, si l'importance du service l'exige, charger de la direction momentanée de cette brigade le commandant d'une autre brigade de l'arrondissement.

237. Lors du remplacement d'un commandant de brigade, la remise des registres et documents dont il est dépositaire, ainsi que celle des fourrages existant en magasin, est effectuée entre les mains de son successeur, sur un inventaire dressé en double expédition, dont l'une est adressée au commandant de la lieutenance, et l'autre est déposée aux archives de la brigade.

CHAPITRE III. — DES OFFICIERS DE GENDARMERIE CONSIDÉRÉS COMME OFFICIERS DE POLICE JUDICIAIRE.

SECTION Iʳᵉ. — *Des attributions de la police judiciaire.*

238. La police judiciaire a pour objet de rechercher les crimes, délits et contraventions, d'en rassembler les preuves et d'en livrer les auteurs aux tribunaux chargés de les punir. — Les officiers de gendarmerie de tout grade sont officiers de police judiciaire. Ils sont considérés comme auxiliaires du procureur impérial dans l'arrondissement où ils exercent habituellement leurs fonctions. (*Code d'instruction criminelle.*)

239. Dans le cas de flagrant délit et dans celui de réquisition de la part d'un chef de maison, les officiers de gendarmerie ont qualité pour dresser des procès-verbaux, recevoir les plaintes, les dénonciations et les déclarations des témoins, faire les visites de lieux et les autres actes qui, dans lesdits cas, sont de la compétence des procureurs impériaux. (*Code d'instruction criminelle.*)

240. Le procureur impérial, exerçant son ministère dans les cas spécifiés par l'article précédent, peut, s'il le juge utile, en lui adressant une commission rogatoire, charger un officier de gendarmerie de tout ou partie des actes de sa compétence. (*Code d'instruction criminelle.*)

241. Les officiers de gendarmerie agissant, soit en leur qualité d'officiers de police judiciaire, soit directement en cas de flagrant délit, soit en vertu d'une commission rogatoire, peuvent se transporter dans toute la circonscription où ils exercent leurs fonctions habituelles. Ils constatent les délits et les crimes, et recueillent tous les indices qui peuvent en faire connaître les auteurs; mais, pour se renfermer exactement dans le cercle de leurs attributions et dans les dispositions précises de la loi, ils doivent bien se pénétrer des caractères qui distinguent les crimes, les délits et les simples contraventions de police. — L'infraction que les lois punissent de peines de police est une contravention. — L'infraction que les lois punissent de peines correctionnelles est un délit. — L'infraction que les lois punissent d'une peine afflictive ou infamante est un crime. (*Code pénal.*)

242. Toutes les fois que la peine prononcée par la loi pour une infraction n'excède pas cinq jours d'emprisonnement et quinze francs d'amende, c'est une simple contravention de police. (*Code pénal.*) Les officiers de gendarmerie ne peuvent, à raison de leur qualité d'officiers de police judiciaire, recevoir les plaintes ou les dénonciations de ces sortes d'infractions; ils doivent renvoyer les plaignants ou les dénonciateurs par-devant le commissaire de police, le maire ou l'adjoint du maire, qui sont les officiers de police chargés de recevoir les plaintes et les dénonciations de cette nature. (*Code d'instruction criminelle.*)

243. Lorsque les infractions sont punissables de peines correctionnelles, afflictives ou infamantes, les officiers de gendarmerie, en leur qualité d'officiers de police judiciaire, reçoivent les plaintes ou les dénonciations qui leur sont faites de ces infractions, mais seulement lorsque les délits ou les crimes ont été commis dans l'étendue de la circonscription où ils exercent leurs fonctions habituelles. — S'il s'agit d'une plainte, ils ne peuvent la recevoir qu'autant que la partie plaignante est effectivement celle qui souffre du délit ou du crime. — Si c'est une dénonciation, tous ceux qui ont vu commettre un délit ou le crime, ou qui savent qu'il a été commis, ont pouvoir de le dénoncer. (*Code d'instruction criminelle.*)

244. La plainte ou la dénonciation doit être rédigée par le plaignant, par le dénonciateur ou par un fondé de procuration spéciale, ou par les officiers de gendarmerie, s'ils en sont requis. — La plainte ou la dénonciation doit toujours être signée, à chaque feuillet, par l'officier de gendarmerie qui la reçoit, et par le plaignant, le dénonciateur ou le fondé de pouvoir. — L'officier parafe et fait parafer les renvois et les ratures par le plaignant, le dénonciateur ou le fondé de pouvoir. — Si le plaignant, le dénonciateur ou le fondé de pouvoir ne sait ou ne veut pas signer, il en est fait mention. — La procuration est toujours annexée à la plainte ou à la dénonciation. (*Code d'instruction criminelle.*)

245. Les officiers de gendarmerie ne peuvent recevoir une plainte ou une dénonciation qui leur est présentée par un fondé de pouvoir qu'autant que la procura-

tion dont il est porteur exprime, d'une manière expresse et positive, l'autorisation de dénoncer le délit qui fait l'objet de la plainte ou de la dénonciation. (*Code d'instruction criminelle.*)

246. Lorsque la plainte ou la dénonciation est remise toute rédigée à l'officier de gendarmerie, il n'y peut rien ajouter ni faire ajouter, et il doit se borner à la signer à chaque feuillet, ainsi qu'il est dit art. 244 ci-dessus. — Si la plainte ou la dénonciation est présentée signée, l'officier de gendarmerie s'assure que la signature est bien celle du plaignant, du dénonciateur, ou du fondé de pouvoir.

247. L'officier de gendarmerie qui est requis de rédiger lui-même une plainte ou une dénonciation, doit énoncer clairement le délit, avec toutes les circonstances qui peuvent l'atténuer ou l'aggraver et faire découvrir les coupables. Il signe et fait signer cette plainte ou dénonciation, comme il est dit art. 244.

248. Les officiers de gendarmerie sont tenus de renvoyer, sans délai, au procureur impérial de l'arrondissement, les plaintes et les dénonciations qu'ils ont reçues en leur qualité d'officiers de police judiciaire. Leur compétence ne s'étend pas au delà : ils ne peuvent faire aucune instruction préliminaire que dans le cas de flagrant délit, ou lorsque, s'agissant d'un crime ou délit, même non flagrant, commis dans l'intérieur d'une maison, le chef de cette maison les requiert de le constater. (*Code d'instruction criminelle.*)

SECT. II. — *Du flagrant délit et des cas assimilés au flagrant délit.*

249. Il y a flagrant délit, — Lorsque le crime se commet actuellement ; — Lorsqu'il vient de se commettre ; — Lorsque le prévenu est poursuivi par la clameur publique ; — Lorsque, dans un temps voisin du délit, le prévenu est trouvé saisi d'instruments, d'armes, d'effets ou de papiers faisant présumer qu'il en est auteur ou complice. (*Code d'instruction criminelle.*)

250. Toute infraction qui, par sa nature, est seulement punissable de peines correctionnelles, ne peut constituer un flagrant délit. Les officiers de gendarmerie ne sont point autorisés à faire des instructions préliminaires pour la recherche de ces infractions. — Le flagrant délit doit être un véritable crime, c'est-à-dire, une infraction contre laquelle une peine afflictive ou infamante est prononcée.

251. Lorsqu'il y a flagrant délit, les officiers de gendarmerie se transportent sans retard sur le lieu pour y dresser les procès-verbaux, à l'effet de constater le corps de délit, son état, l'état des lieux, et pour recevoir les déclarations des habitants, des voisins et même des parents et domestiques, enfin de toutes les personnes qui ont des renseignements à donner. (*Code d'instruction criminelle.*) — Ils informent aussitôt de leur transport le procureur impérial de l'arrondissement. (*Code d'instruction criminelle.*) — Ils peuvent se faire assister d'un écrivain qui leur sert de greffier ; ils lui font prêter serment d'en bien et fidèlement remplir les fonctions. — Leur procès-verbal en fait mention. (*Code d'instruction criminelle.*)

252. Les officiers de gendarmerie signent et parafent les déclarations qu'ils ont reçues ; ils les font signer et parafer par les personnes qui les ont faites. Si elles refusent de signer, il en est fait mention dans le procès-verbal. — Ils peuvent défendre que qui que ce soit sorte de la maison ou s'éloigne du lieu jusqu'après la clôture du procès-verbal. Ils font saisir et déposer dans la maison d'arrêt ceux qui contreviennent à cette défense ; mais ils ne peuvent prononcer contre eux aucune peine : ils en réfèrent sur-le-champ au procureur impérial.— Ils se saisissent aussi des effets, des armes et de tout ce qui peut servir à la découverte et à la manifestation de la vérité ; ils doivent les représenter au prévenu, l'interpeller de s'expliquer, lui faire signer le procès-verbal, ou faire mention de son refus. (*Code d'instruction criminelle.*)

253. Si la nature du crime est telle, que la preuve puisse vraisemblablement être acquise par les papiers ou autres pièces et effets en la possession du prévenu, les officiers de gendarmerie se transportent de suite dans son domicile pour y faire la perquisition des objets qu'ils jugent utiles à la manifestation de la vérité ; mais il leur est formellement interdit d'y pénétrer pendant le temps de nuit réglé par l'art. 291 du présent décret. Ils doivent se borner à prendre les mesures de précaution prescrites ci-après.

254. S'il existe dans le domicile du prévenu des papiers ou effets qui puissent servir à conviction ou à décharge, ils en dressent procès-verbal, et se saisissent de ces effets ou de ces papiers. — Ils doivent clore ou cacheter les objets qu'ils ont saisis, et, si ces objets ne sont pas susceptibles de recevoir l'empreinte de l'écriture, ils sont mis dans un vase ou dans un sac, sur lequel ils attachent une bande de papier qu'il scellent de leur sceau et du cachet du prévenu, si ce dernier le demande. — Si les objets sont d'un trop grand volume pour être à l'instant déplacés, les officiers de gendarmerie peuvent les mettre sous la surveillance d'un gardien auquel ils font prêter serment.

255. Il est expressément défendu aux officiers de gendarmerie de s'introduire dans une maison autre que celle où le prévenu a son domicile, à moins que ce ne soit une auberge, un cabaret ou tout autre logis ouvert au public, où ils sont autorisés à se transporter, même pendant la nuit, jusqu'à l'heure où ces lieux doivent être fermés d'après les règlements de police.

256. Dans le cas où les officiers de gendarmerie soupçonnent qu'on puisse trouver, dans une maison autre que celle du domicile du prévenu, les pièces ou effets de nature à servir à conviction ou à décharge, ils doivent en instruire aussitôt le procureur impérial de l'arrondissement.

257. Lorsque la maison d'un prévenu est située hors de l'arrondissement où ils exercent leurs fonctions habituelles, les officiers de gendarmerie ne peuvent y faire de visites ; ils se bornent à en informer le procureur impérial.

258. Toutes les opérations dont il est ci-dessus question sont faites en présence du prévenu, s'il a été arrêté, ou en présence d'un fondé de pouvoir, si le prévenu ne veut ou ne peut y assister. Les objets lui sont présentés à l'effet de les reconnaître ou de les désavouer, et de les parafer, s'il y a lieu ; en cas de refus, il en est fait mention dans le procès-verbal. A défaut de fondé de pouvoir, l'assistance de deux témoins devient indispensable.

259. S'il existe des indices graves contre le prévenu, les officiers de gendarmerie le font arrêter ; si le prévenu n'est pas présent, ils rendent une ordonnance pour le faire comparaître. Cette ordonnance s'appelle mandat d'amener ; elle doit être revêtue de la signature et même du sceau de l'officier qui la rend, et elle doit désigner le plus exactement possible le prévenu pour assurer son arrestation et pour éviter les méprises. — La dénonciation ou la plainte ne constitue pas seule une présomption suffisante pour décerner un mandat d'amener contre un individu ayant domicile. Il ne doit être arrêté, s'il est présent, et l'ordonnance pour le faire comparaître, s'il est absent, ne doit être rendue que lorsque des présomptions fortes s'élèvent contre lui. — Si le prévenu est absent, le mandat d'amener doit porter l'ordre de le conduire, en cas d'arrestation, devant le juge d'instruction ou le procureur impérial. La loi n'autorise pas l'officier de police judiciaire à continuer l'instruction après l'instant du flagrant délit. — Quant aux vagabonds, gens sans aveu ou repris de justice, la plainte ou la dénonciation peut suffire pour les faire arrêter, ou faire décerner contre eux des mandats d'amener.

260. Les officiers de gendarmerie doivent interroger sur-le-champ le prévenu amené devant eux.

Sect. III. — *Des formes à observer dans les instructions judiciaires.*

261. Dans toutes les opérations mentionnées aux art. 251 et suivants, les officiers de gendarmerie se font assister par le commissaire de police du lieu, ou, à défaut, par le maire ou son adjoint, et, en cas de leur absence, par deux habitants domiciliés dans la même commune. — Ils n'en dressent pas moins leurs procès-verbaux sans l'assistance de témoins, s'ils n'ont pas eu la possibilité de s'en procurer. — Ils doivent signer et faire signer leurs procès-verbaux, à chaque feuillet, par les personnes qui ont assisté aux opérations ; en cas de refus ou d'impossibilité de la part de ces personnes, il en est fait mention.

262. S'il s'agit d'un crime qui exige des connaissances particulières pour être constaté, tel qu'une effraction, une blessure grave, une mort violente, etc., les officiers de gendarmerie doivent faire appeler les personnes présumées, par leur art ou leur profession, capables d'en apprécier la nature et les circonstances ; ils leur font prêter serment de faire leur rapport et de donner leur avis en leur honneur et conscience. Ils ne doivent négliger aucune des mesures ci-dessus prescrites, et ils recueillent avec soin tous les renseignements qui peuvent conduire à la découverte de la vérité.

263. Toutes les fois que les officiers de gendarmerie sont requis de constater un crime ou délit, même non flagrant, commis dans l'intérieur d'une maison, ils procèdent aux recherches et à l'instruction dans les mêmes formes que ci-dessus pour le flagrant délit, mais avec cette distinction que, dans ce cas, il n'est pas besoin que l'infraction qu'ils sont appelés à constater dans l'intérieur d'une maison soit punissable d'une peine afflictive ou infamante ; il suffit qu'elle soit soumise à une peine correctionnelle.

264. Les officiers de gendarmerie défèrent à la réquisition qui leur est faite, soit par le propriétaire de la maison, soit par le principal locataire ou par le locataire d'un appartement.

265. Les officiers de gendarmerie n'étant, dans l'exercice des fonctions judiciaires, que des officiers de police auxiliaires du procureur impérial, si ce magistrat se présente dans le cours de leurs opérations pour la recherche d'un flagrant délit, ou d'un crime ou délit commis dans l'intérieur d'une maison, c'est lui qui doit continuer les actes attribués à la police judiciaire. — Le procureur impérial, s'il a été prévenu, peut autoriser les officiers de gendarmerie à continuer la pro-

cédure, et, si lui-même l'a commencée, il peut les charger d'une partie des actes de sa compétence.

266. Lorsque les officiers de gendarmerie ont terminé les actes d'instruction préliminaire qu'ils sont autorisés à faire dans le cas de flagrant délit, ou de crime ou délit commis dans l'intérieur d'une maison, ils doivent transmettre sur-le-champ au procureur impérial les procès-verbaux et tous les actes qu'ils ont faits, les papiers et tous les effets qu'ils ont saisis, ou lui donner avis des mesures prises pour la garde et la conservation des objets.

267. Les officiers de gendarmerie, en ce qui concerne l'exercice de la police judiciaire, sont placés par la loi sous la surveillance des juges d'instruction, des procureurs impériaux et des procureurs généraux près les cours d'appel.

268. Le service de la gendarmerie ayant pour but spécial d'assurer le maintien de l'ordre et l'exécution des lois, les officiers de ce corps doivent, indépendamment des attributions qu'ils exercent en leur qualité d'officiers de police judiciaire, transmettre sans délai au procureur impérial, les procès-verbaux que les sous-officiers, brigadiers et gendarmes ont dressés dans l'exécution de leur service, pour constater les crimes et délits qui laissent des traces après eux ; ils y joignent les renseignements que ces militaires ont recueillis pour en découvrir les auteurs ou complices. Ils transmettent pareillement aux commissaires de police ou aux maires des lieux où de simples contraventions auraient été commises, les procès-verbaux et renseignements qui concernent les prévenus de ces contraventions.

TITRE IV. — Du service spécial de la gendarmerie.

Dispositions préliminaires.

269. Le service de la gendarmerie dans les départements se divise en service ordinaire et en service extraordinaire. — Le service ordinaire est celui qui s'opère journellement ou à des époques périodiques, sans qu'il soit besoin d'aucune réquisition de la part des officiers de police judiciaire et des diverses autorités.— Le service extraordinaire est celui dont l'exécution n'a lieu qu'en vertu d'ordres ou de réquisitions.

270. L'un et l'autre ont essentiellement pour objet d'assurer constamment, sur tous les points du territoire, l'action directe de la police judiciaire, administrative et militaire.

CHAPITRE Iᵉʳ. — Service ordinaire des brigades.

Section Iʳᵉ. — Police judiciaire et administrative.

271. Les fonctions habituelles et ordinaires des brigades sont de faire des tournées, courses ou patrouilles sur les grandes routes, chemins vicinaux, dans les communes, hameaux, fermes et bois, enfin dans tous les lieux de leur circonscription respective.

272. Chaque commune doit être visitée au moins deux fois par mois et explorée dans tous les sens, indépendamment des jours où elle est traversée par les sous-officiers, brigadiers et gendarmes au retour des correspondances.

273. Dans leurs tournées, les sous-officiers, brigadiers et gendarmes s'informent, avec mesure et discrétion, auprès des voyageurs, s'il n'a pas été commis quelque crime ou délit sur la route qu'ils ont parcourue ; ils prennent les mêmes renseignements, dans les communes, auprès des maires ou de leurs adjoints.

274. Ils tâchent de connaître les noms, signalements, demeures ou lieux de retraite de ceux qui ont commis des crimes et délits ; ils reçoivent les déclarations qui leur sont faites volontairement par les témoins, et les engagent à les signer, sans cependant pouvoir les y contraindre. — Ils se mettent immédiatement à la poursuite de ces malfaiteurs pour les joindre, et, s'il y a lieu, pour les arrêter au nom de la loi.

275. Après s'être assurés de l'identité de ces individus, par l'examen de leurs papiers et les questions qu'ils leur font sur leurs noms, leur état, leur domicile et les lieux d'où ils viennent, ils se saisissent de ceux qui demeurent prévenus de crimes, délits ou vagabondage, et ils en dressent procès-verbal ; mais ils relâchent immédiatement ceux qui, étant désignés comme vagabonds ou gens sans aveu, se justifient par le compte qu'ils rendent de leur conduite, ainsi que par le contenu de leurs certificats et passe-ports. — Le procès-verbal d'arrestation doit contenir l'inventaire exact des papiers et effets trouvés sur les prévenus ; il est signé par ces individus, et, autant que possible, par deux habitants les plus voisins du lieu de la capture ; s'ils déclarent ne vouloir ou ne pouvoir signer, il en est fait mention. Les sous-officiers, brigadiers et gendarmes conduisent ensuite les prévenus, par-devant l'officier de police judiciaire de l'arrondissement, auquel ils font la remise des papiers et effets.

276. Ils saisissent également les assassins, voleurs et délinquants surpris en fla-

grant délit ou poursuivis par la clameur publique, ainsi que ceux qui son trouvés avec des armes ensanglantées ou d'autres indices faisant présumer le crime : le flagrant délit est défini par l'art. 249.

277. Ils dressent également des procès-verbaux des effractions, assassinats et de tous les crimes qui laissent des traces après eux.

278. En cas d'incendie, d'inondation et d'autres événements de ce genre, ils se rendent sur les lieux au premier avis ou signal qui leur est donné, et préviennent, sans délai, le commandant de l'arrondissement. — S'il ne s'y trouve aucun officier de police ou autre autorité civile, les officiers, et même les commandants de brigade, ordonnent et font exécuter toutes les mesures d'urgence ; ils font tous leurs efforts pour sauver les individus en danger ; ils peuvent requérir le service personnel des habitants, qui sont tenus d'obtempérer sur-le-champ à leur sommation, et même de fournir les chevaux, voitures et tous autres objets nécessaires pour secourir les personnes et les propriétés ; les procès-verbaux font mention des refus ou retards qu'ils éprouvent à cet égard.

279. Lors d'un incendie, le commandant de la brigade prend, dès son arrivée, toutes les mesures possibles pour le combattre ; il distribue ses gendarmes de manière qu'ils puissent empêcher le pillage des meubles et effets qu'ils font évacuer de la maison incendiée ; il ne laisse circuler dans les maisons, greniers, caves et bâtiments que les personnes de la maison et les ouvriers appelés pour éteindre le feu ; il protège l'évacuation des meubles et effets dans les dépôts qui ont été désignés par les propriétaires ou intéressés.

280. Les sous-officiers, brigadiers et gendarmes s'informent ensuite, auprès des propriétaires et des voisins, des causes de l'incendie, s'il provient du défaut d'entretien des cheminées, de la négligence ou de l'imprudence de quelques personnes de la maison, qui auraient porté ou laissé du feu près des matières combustibles, ou par suite d'autres causes qui peuvent faire présumer qu'il y a eu malveillance.

281. Si les déclarations inculpent quelques particuliers, et s'ils sont sur les lieux, le commandant de la brigade les fait venir sur-le-champ et les interroge ; si leurs réponses donnent à croire qu'ils ont participé au crime d'incendie, il s'assure de leurs personnes et attend l'arrivée de l'officier de police judiciaire ou du commandant de l'arrondissement, auquel il remet le procès-verbal qu'il a dressé de tous les renseignements parvenus à sa connaissance, pour être pris ensuite telles mesures qu'il appartiendra. — Dans le cas d'absence du juge de paix et du commandant de l'arrondissement, les prévenus sont conduits devant le procureur impérial.

282. Les brigades qui se sont transportées sur les lieux où un incendie a éclaté ne rentrent à la résidence qu'après l'extinction du feu, et après s'être assurées que leur présence n'est plus nécessaire pour la conservation des propriétés, pour le maintien de la tranquillité publique et pour l'arrestation des délinquants.

283. La gendarmerie constate, par procès-verbal, la découverte de tous cadavres trouvés sur les chemins, dans les campagnes, ou retirés de l'eau ; elle en prévient les autorités compétentes et le commandant de l'arrondissement, qui, dans ce cas, est tenu de se transporter en personne sur les lieux dès qu'il lui en est donné avis.

284. Elle indique avec soin, dans ce procès-verbal, l'état et la position du cadavre au moment de son arrivée, les vêtements dont il est couvert, la situation et l'état des armes ensanglantées ou d'autres instruments faisant présumer qu'ils ont servi à commettre le crime, les objets ou papiers trouvés près du cadavre ou dans un lieu voisin ; elle empêche que qui que ce soit y touche jusqu'à l'arrivée de la justice ou de l'officier de gendarmerie. — Elle appréhende les individus qui paraissent suspects, et s'en assure, de manière qu'ils ne puissent s'évader, pour les remettre entre les mains de l'autorité compétente.

285. En attendant l'arrivée de l'officier de police judiciaire ou du commandant de l'arrondissement, les sous-officiers, brigadiers et gendarmes doivent recueillir les déclarations qui leur sont faites par les parents, amis, voisins ou autres personnes qui sont en état de leur fournir des preuves, renseignements ou indices sur les auteurs ou complices du crime, afin qu'ils puissent être poursuivis.

286. Dans ses tournées, correspondances, patrouilles et service habituel à la résidence, la gendarmerie exerce une surveillance active et persévérante sur les repris de justice, sur les condamnés libérés, sur ceux qui sont internés et qui cherchent à faire de la propagande révolutionnaire ; elle rend compte immédiatement de la disparition de ceux qui ont quitté, sans autorisation, la résidence qui leur est assignée ; elle envoie leur signalement aux brigades voisines, ainsi qu'à celles qui ont la surveillance des communes où l'on suppose qu'ils se sont retirés. — Elle se met à leur poursuite, et, si elle les arrête, elle les conduit devant l'autorité compétente.

287. Elle s'assure de la personne des étrangers et de tout individu circulant dans l'intérieur de la France sans passe-ports ou avec des passe-ports qui ne sont pas

conformes aux lois, à la charge de les conduire sur-le-champ devant le maire ou l'adjoint de la commune la plus voisine : en conséquence, les militaires de tout grade de la gendarmerie se font représenter les passe-ports des voyageurs, et nul ne peut en refuser l'exhibition, lorsque l'officier, sous-officier, brigadier ou gendarme qui en fait la demande est revêtu de son uniforme et décline ses qualités.

— Il est enjoint à la gendarmerie de se comporter dans l'exécution de ce service, avec politesse, et de ne se permettre aucun acte qui puisse être qualifié de vexation ou d'abus de pouvoir.

288. L'exhibition des passe-ports est une mesure salutaire laissée à la prudence et au discernement de la gendarmerie, et non une consigne absolue qu'il n'est pas permis de modifier ou d'interpréter. — Elle ne peut, sous le simple prétexte de visiter les passe-ports d'un individu, pénétrer dans la chambre où il est logé ; elle doit attendre, pour faire cet examen, le moment de son départ ou de son stationnement dans la salle ouverte aux voyageurs, si c'est une auberge ou hôtellerie. — À moins de circonstances extraordinaires ou d'ordres spéciaux, les passe-ports des personnes voyageant en voiture particulière ne doivent être demandés que dans les auberges, hôtelleries et relais de poste.

289. Les signalements des malfaiteurs, voleurs, assassins, perturbateurs du repos public, évadés des prisons et des bagnes, ainsi que ceux d'autres personnes contre lesquelles il est intervenu des mandats d'arrêt, sont délivrés à la gendarmerie, qui, en cas d'arrestation de ces individus, les conduit, de brigade en brigade, jusqu'à la destination indiquée par lesdits signalements. — Les mandats de comparution, d'amener, de dépôt et d'arrêt, doivent être signés par le magistrat ou l'officier de police qui les décerne, et munis de son sceau ; ils doivent être datés ; le prévenu doit être nommé et désigné le plus clairement possible. — De plus, le mandat d'arrêt contient l'énonciation du fait pour lequel il est décerné, et l'énonciation de la loi qui déclare que ce fait est un crime ou un délit.

290. Pour faire la recherche des personnes signalées ou dont l'arrestation a été légalement ordonnée, les sous-officiers et gendarmes visitent les auberges, cabarets et autres maisons ouvertes au public ; ils se font représenter, par les propriétaires ou locataires de ces établissements, leurs registres d'inscription des voyageurs, et ces registres ne peuvent leur être refusés. — S'ils remarquent des oublis ou négligences dans la tenue de ces registres, ils en dressent procès-verbal pour être remis au maire ou au commissaire de police. — Le refus d'exhibition de ces registres est puni conformément à l'article 475 du Code pénal.

291. La maison de chaque citoyen est un asile où la gendarmerie ne peut pénétrer sans se rendre coupable d'abus de pouvoir, sauf les cas déterminés ci-après :

1° Pendant le jour, elle peut y entrer pour un motif formellement exprimé par une loi, ou en vertu d'un mandat spécial de perquisition décerné par l'autorité compétente ;—2° Pendant la nuit, elle peut y pénétrer dans les cas d'incendie, d'inondation ou de réclamations venant de l'intérieur de la maison.

Dans tous les autres cas, elle doit prendre seulement, jusqu'à ce que le jour ait paru, les mesures indiquées aux articles suivants. — Le temps de nuit est ainsi réglé : — Du 1er octobre au 31 mars, depuis six heures du soir jusqu'à six heures du matin ; — Du 1er avril au 30 septembre, depuis neuf heures du soir jusqu'à quatre heures du matin.

292. Hors le cas de flagrant délit défini par l'article 249, la gendarmerie ne peut s'introduire dans une maison malgré la volonté du maître. — Lorsqu'elle est chargée d'exécuter les notifications de jugement, elle doit toujours exhiber les extraits de mandats ou de jugements.

293. Lorsqu'il y a lieu de supposer qu'un individu déjà frappé d'un mandat d'arrestation, ou prévenu d'un crime ou délit pour lequel il n'y aurait pas encore de mandat décerné, s'est réfugié dans la maison d'un particulier, la gendarmerie peut seulement garder à vue cette maison ou l'investir, en attendant les ordres nécessaires pour y pénétrer, ou l'arrivée de l'autorité qui a le droit d'exiger l'ouverture de la maison pour y faire l'arrestation de l'individu réfugié.

294. Lorsque les sous-officiers, brigadiers et gendarmes arrêtent des individus en vertu des dispositions ci-dessus, ils sont tenus de les conduire aussitôt devant l'officier de police judiciaire le plus à proximité, et de lui faire le dépôt des armes, papiers, effets et autres pièces de conviction. Les articles 615 et suivants indiquent la responsabilité de la gendarmerie dans les diverses arrestations qu'elle est appelée à faire dans son service ordinaire et extraordinaire.

295. La gendarmerie est chargée spécialement de protéger la libre circulation des subsistances et de saisir tous ceux qui s'y opposent par la violence. — En conséquence, elle se transporte sur les routes ou dans les communes dont elle a la surveillance, dès qu'elle apprend que des attroupements s'y sont formés dans le dessein d'empêcher cette libre circulation des grains, soit par l'appât du pillage, soit pour tout autre motif.

296. Elle dissipe les rassemblements de toutes personnes s'opposant à l'exécution

d'une loi, d'une contrainte, d'un jugement; elle réprime toute émeute populaire dirigée contre la sûreté des personnes, contre les autorités, contre la liberté absolue du commerce des subsistances, contre celle du travail et de l'industrie; elle disperse tout attroupement armé ou non armé formé pour la délivrance des prisonniers et condamnés, pour l'invasion des propriétés publiques, pour le pillage et la dévastation des propriétés particulières. — L'attroupement est armé, 1° quand plusieurs individus qui le composent sont porteurs d'armes apparentes ou cachées ; 2° lorsqu'un seul de ces individus porteurs d'armes apparentes n'est pas immédiatement expulsé de l'attroupement par ceux-là mêmes qui en font partie.

297. Les sous-officiers, brigadiers et gendarmes ne peuvent, en l'absence de l'autorité judiciaire ou administrative, déployer la force des armes que dans les deux cas suivants : le premier, si des violences ou voies de fait sont exercées contre eux ; le second, s'ils ne peuvent défendre autrement le terrain qu'ils occupent, les postes ou les personnes qui leur sont confiés, ou enfin si la résistance est telle qu'elle ne puisse être vaincue autrement que par la force des armes.

298. Lorsqu'une émeute populaire prend un caractère et un accroissement tels, que la gendarmerie, après une intervention énergique, se trouve impuissante pour vaincre la résistance par la force des armes, elle dresse un procès-verbal, dans lequel elle signale les chefs et fauteurs de la sédition ; elle prévient immédiatement l'autorité locale, ainsi que le commandant de la compagnie ou de l'arrondissement, afin d'obtenir des renforts des brigades voisines, et, suivant le cas, de la troupe de ligne ou de la garde nationale.

299. Dans aucun cas, les brigades ne doivent quitter le terrain ni rentrer à leur résidence avant que l'ordre ne soit parfaitement rétabli. Elles doivent se rappeler que force doit toujours rester à la loi. Le procès-verbal qu'elles rédigent contient le détail circonstancié des faits qui ont précédé, accompagné ou suivi la formation de ces attroupements. — Quant aux prisonniers qu'elles ont faits, et dont elles ne doivent se dessaisir à aucun prix, ils sont immédiatement conduits, sous bonne escorte, devant le procureur impérial.

300. Elles saisissent tous ceux qui portent atteinte à la tranquillité publique, en troublant les citoyens dans l'exercice de leur culte, ainsi que ceux qui sont trouvés exerçant des voies de fait ou des violences contre les personnes.

301. Tout individu qui outrage les militaires de la gendarmerie dans l'exercice de leurs fonctions, ou qui leur fait la déclaration mensongère d'un délit qui n'a pas été commis, est immédiatement arrêté et conduit devant l'officier de police de l'arrondissement, pour être jugé et puni suivant la rigueur des lois.

302. La gendarmerie surveille le colportage des livres, gravures et lithographies, elle réprime la contrebande en matière de douanes et de contributions indirectes, et saisit les marchandises transportées en fraude ; elle dresse des procès-verbaux de ces saisies, arrête et conduit, devant les autorités compétentes, les contrebandiers et autres délinquants de ce genre, en précisant les lieux où l'arrestation a été faite, les moyens employés et la résistance qu'il a fallu vaincre.

303. Elle est autorisée à faire directement, ou en prêtant main-forte aux inspecteurs, directeurs et employés des postes, des visites et perquisitions sur les messagers et commissionnaires allant habituellement d'une ville à une autre ville, sur les voitures de messageries et autres de cette espèce portant les dépêches, et à saisir tous les objets transportés en fraude, au préjudice des droits de l'administration des postes.

304. Afin de ne pas retarder la marche de celles de ces voitures qui transportent des voyageurs, les visites et perquisitions n'ont habituellement lieu qu'à l'entrée ou à la sortie des villes ou aux relais.

305. Il n'est fait de visites sur les routes qu'autant qu'un ordre de l'administration des postes le prescrit.

306. Toutes visites et perquisitions doivent, quand bien même elles ne sont suivies d'aucune saisie, être constatées par un procès-verbal conforme au modèle adopté par l'administration. — Lorsque ce procès-verbal ne donne lieu à aucune poursuite devant les tribunaux, il n'a pas besoin d'être timbré ni enregistré ; il en est donné copie au particulier qui a été soumis à la visite, s'il le requiert.

307. Si les visites ou perquisitions ont fait découvrir des lettres ou journaux transportés en fraude, le procès-verbal, dressé à l'instant de la saisie, doit contenir l'énumération de ces lettres ou journaux, reproduire l'adresse de ces objets, et mentionner, autant que possible, le poids de chaque lettre.

308. Les procès-verbaux de saisie doivent être visés pour timbre et enregistrés dans les quatre jours qui suivent la saisie. Ces formalités s'accomplissent, soit dans le lieu de la résidence des gendarmes qui ont procédé aux saisies, soit dans le lieu même où le procès-verbal a été dressé. Le procès-verbal, avec les objets saisis, est remis au directeur des postes, qui acquitte les frais de timbre et d'enregistrement.

309. La gendarmerie ne peut, dans l'intérêt de l'administration des postes, faire des perquisitions sur des voyageurs étrangers au service des postes et n'exerçant pas l'une des professions spécifiées à l'article 304. La saisie opérée sur eux dans cet intérêt est nulle.

310. Le voiturier trouvé porteur de lettres cachetées contenues dans des boîtes fermées ne peut être excusé de la contravention, sous prétexte que les lettres avaient été renfermées dans des boîtes à son insu, la bonne foi n'étant pas admissible comme excuse aux contraventions à l'arrêté du 27 prairial an IX.

311. Tout commissionnaire ou messager portant une lettre décachetée qui n'est pas exclusivement relative aux commissions dont il est chargé, est passible des peines portées par la loi, en vertu des articles 1er, 2 et 5 de l'arrêté du 27 prairial an IX; la gendarmerie doit donc verbaliser contre lui et faire saisie de la lettre pour la remettre au directeur des postes.

312. Les lettres et papiers uniquement relatifs au service personnel des entrepreneurs de voitures ne peuvent être saisis par la gendarmerie, qui ne dresse procès-verbal de contravention que lorsqu'elles sont fermées et cachetées, alors même qu'elles seraient en effet relatives à ce service.

SECT. II. — *Police des routes et des campagnes.*

313. Un des devoirs principaux de la gendarmerie est de faire la police sur les grandes routes, et d'y maintenir la liberté des communications ; à cet effet, elle dresse des procès-verbaux de contravention en matière de grande voirie, telles qu'anticipations, dépôts de fumiers ou d'autres objets, et constate toute espèce de détériorations commises sur les grandes routes, sur les arbres qui les bordent, sur les fossés, ouvrages d'art et matériaux destinés à leur entretien : elle dénonce à l'autorité compétente les auteurs de ces délits ou contraventions. — Elle dresse également des procès-verbaux de contravention, comme en matière de grande voirie, contre quiconque, par imprudence ou involontairement, a dégradé ou détérioré, de quelque manière que ce soit, les appareils des lignes de télégraphie électrique ou les machines des télégraphes aériens.

314. Elle surveille l'exécution des règlements sur la police des fleuves et des rivières navigables ou flottables, des bacs et bateaux de passage, des canaux de navigation ou d'irrigation, des desséchements généraux ou particuliers, des plantations pour la fixation des dunes, des ports maritimes de commerce ; elle dresse des procès-verbaux de contraventions à ces règlements, et en fait connaître les auteurs aux autorités compétentes.

315. Elle arrête tous ceux qui sont surpris coupant ou dégradant d'une manière quelconque les arbres plantés sur les chemins, promenades publiques, fortifications et ouvrages extérieurs des places, ou détériorant les monuments qui s'y trouvent. — Elle saisit et conduit immédiatement devant l'officier de police de l'arrondissement quiconque est surpris détruisant ou déplaçant les rails d'un chemin de fer, ou déposant sur la voie des matériaux ou autres objets, dans le but d'entraver la circulation, ainsi que ceux qui, par la rupture des fils, par la dégradation des appareils, ou par tout autre moyen, tentent d'intercepter les communications ou la correspondance télégraphique.

316. Elle dresse des procès-verbaux contre ceux qui commettent des contraventions de petite voirie dans les rues, places, quais et promenades publiques, hors du passage des grandes routes et de leur prolongement, sur les chemins vicinaux, ainsi que les canaux ou ruisseaux flottables, appartenant aux communes.

317. Elle dresse des procès-verbaux contre les propriétaires de voitures et les entrepreneurs de messageries publiques qui sont en contravention aux lois et règlements d'administration sur la police du roulage.

318. Elle contraint les voituriers, charretiers et tous conducteurs de voitures de se tenir à côté de leurs chevaux pour les diriger ; en cas de résistance, elle arrête ceux qui obstruent les passages, et les conduit devant le maire ou l'adjoint du lieu. Elle constate les contraventions par procès-verbal.

319. Elle arrête tous individus qui, par imprudence, par négligence, par la rapidité de leurs chevaux, ou de toute autre manière, ont blessé quelqu'un ou commis quelques dégâts sur les routes, dans les rues ou voies publiques.

320. Elle dresse procès-verbal contre ceux qui exercent publiquement et abusivement de mauvais traitements envers les animaux domestiques. — Elle transmet ce procès-verbal au maire ou au commissaire de police chargé de la poursuite, et elle doit avoir soin d'indiquer s'il y a récidive, parce que, dans ce cas, la peine de la prison est toujours appliquée.

321. Elle veille à ce que les conducteurs d'animaux féroces suivent les grands chemins, sans jamais s'en écarter ; elle leur défend d'aller dans les bourgs et hameaux, d'entrer dans les bois et de se trouver sur les routes avant le lever ou après le coucher du soleil ; elle évite que tout danger puisse exister pour la sécurité publique. — En cas de désobéissance, elle les conduit devant le maire de la commune la plus voisine.

322. La gendarmerie est chargée de protéger l'agriculture et de saisir tous individus commettant des dégâts dans les champs et les bois, dégradant la clôture des murs, haies ou fossés, lors même que ces délits ne seraient pas accompagnés de vols ; de saisir pareillement tous ceux qui sont surpris commettant des larcins de fruits ou d'autres productions d'un terrain cultivé.

323. Elle fait enlever, pour les remettre à l'autorité locale, les coutres de charrue, pinces, barres, barreaux, instruments aratoires, échelles ou autres objets dont peuvent abuser les malfaiteurs, et qui ont été laissés dans les rues, chemins, places, lieux publics, ou sont dans les champs ; elle dénonce ceux à qui ils appartiennent, afin qu'ils soient poursuivis par les autorités compétentes.

324. Il est expressément ordonné à la gendarmerie, dans ses tournées, courses ou patrouilles, de porter la plus grande attention sur ce qui peut être nuisible à la salubrité, afin de prévenir, autant que possible, les ravages de maladies contagieuses ; elle est tenue, à cet effet, de surveiller l'exécution des mesures de police prescrites par les règlements, et de dresser procès-verbal des contraventions pour que les poursuites soient exercées par qui de droit contre les délinquants.

325. Lorsqu'elle trouve des animaux morts sur les chemins ou dans les champs, elle en prévient les autorités locales et les requiert de les faire enfouir ; elle se porte, au besoin, de nouveau sur les lieux pour s'assurer que les ordres donnés à cet égard par les autorités ont été exécutés ; en cas de refus ou de négligence, les chefs de la gendarmerie, sur le rapport du commandant de brigade, en informent les préfets ou sous-préfets, afin qu'il soit pris des mesures à cet égard.

326. Les mêmes précautions sont prises par la gendarmerie, dans les cantons où des épizooties se sont manifestées ; elle veille de plus à ce que les animaux atteints et morts de cette maladie, ainsi que les chevaux morveux qui ont été abattus, soient enfouis avec leur cuir, pour prévenir et arrêter les effets des maladies contagieuses.

327. Elle dénonce à l'autorité locale tous ceux qui, dans les temps prescrits, ont négligé d'écheniller, ainsi que ceux qui sont en contravention aux règlements de police rurale donnés par les préfets, sous-préfets et maires des communes dont ils ont la surveillance.

328. La gendarmerie dresse procès-verbal contre tous individus trouvés en contravention aux lois et règlements sur la chasse ; elle saisit les filets, engins et autres instruments de chasse prohibés par la loi, ainsi que les armes abandonnées par les délinquants, et réprime la mise en vente, la vente, l'achat, le transport et le colportage du gibier pendant le temps où la chasse est interdite.

329. Il lui est expressément défendu de désarmer un chasseur ; elle doit seulement lui déclarer saisie de son arme, dont elle précise le signalement, en l'en constituant dépositaire pour la représenter en justice ; mais elle doit arrêter ceux qui font résistance, lui adressent des menaces, qui refusent de se faire connaître lorsque l'exhibition de leurs papiers leur est demandée, ceux qui donnent de faux noms, et enfin tous ceux qui sont masqués ou qui chassent pendant la nuit.

330. Elle seconde les agents des eaux et forêts dans la poursuite et la répression des délits forestiers et de pêche.

331. La gendarmerie doit toujours se tenir à portée des grands rassemblements d'hommes, tels que foires, marchés, fêtes et cérémonies publiques, pour y maintenir le bon ordre et la tranquillité ; et sur le soir, faire des patrouilles sur les routes et chemins qui y aboutissent, pour protéger le retour des particuliers et marchands.

332. Elle saisit ceux qui tiennent dans ces rassemblements des jeux de hasard et autres jeux défendus par les lois et règlements de police.

333. Elle surveille les mendiants, vagabonds et gens sans aveu parcourant les communes et les campagnes. — Elle arrête ceux qui ne sont pas connus de l'autorité locale et qui ne sont porteurs d'aucun papier constatant leur identité, mais surtout les mendiants valides, qui peuvent être saisis et conduits devant l'officier de police judiciaire, pour être statué, à leur égard, conformément aux lois sur la répression de la mendicité :

1° Lorsqu'ils mendient avec violences et menaces ; — 2° Lorsqu'ils mendient avec armes ; — 3° Lorsqu'ils mendient nuitamment ou s'introduisent dans les maisons ; — 4° Lorsqu'ils mendient plusieurs ensemble ; — 5° Lorsqu'ils mendient avec de faux certificats ou de faux passe-ports, ou infirmités supposées, ou déguisement ; — 6° Lorsqu'ils mendient après avoir été repris de justice ; — 7° Et enfin lorsque d'habitude ils mendient hors du canton de leur domicile.

334. Lorsqu'on présume que, par suite d'une grande affluence à des assemblées publiques, l'ordre peut être menacé, le commandant de l'arrondissement, après s'être concerté avec le sous-préfet, ou sur sa réquisition, peut réunir et envoyer sur le lieu plusieurs brigades ; il les commande lui-même si sa présence est jugée nécessaire, et il en est toujours ainsi dans les diverses circonstances où plusieurs brigades sont réunies pour un service de ville ou de campagne. — Les brigades ne

3

rentrent à leur résidence que lorsque leur présence n'est plus jugée nécessaire, et elles se retirent assez lentement pour observer ce qui se passe et empêcher les rixes qui ont lieu fréquemment à la suite de ces assemblées.

335. En tout temps, les sous-officiers, brigadiers et gendarmes doivent faire des patrouilles et des embuscades de nuit pour protéger le commerce intérieur, en procurant la plus parfaite sécurité aux négociants, marchands, artisans, et à tous les individus que leur commerce, leur industrie et leurs affaires obligent à voyager.

SECT. III. — *Police militaire.*

336. Il est spécialement prescrit à toutes les brigades de gendarmerie de rechercher avec soin et d'arrêter, partout où ils sont rencontrés, les déserteurs et insoumis signalés, ainsi que les militaires qui sont en retard de rejoindre à l'expiration de leurs congés ou permissions. — Elle arrête également les militaires de l'armée de terre et de mer qui ne sont pas porteurs de feuilles de route, de congés en bonne forme, ou d'une permission d'absence signée par l'autorité compétente.

337. Sont qualifiés insoumis, le jeune soldat, le remplaçant et l'engagé volontaire auxquels un ordre de route a été notifié, et qui, sans en avoir reçu l'autorisation, ne se présentent pas, au jour fixé par cet ordre, au chef-lieu du département, pour y être passés en revue, ou qui, s'étant rendus à l'appel, ont abandonné en route le détachement dont ils font partie.

338. La gendarmerie rédige procès-verbal contre tout individu qui a recélé sciemment la personne d'un déserteur ou insoumis, qui a favorisé son évasion, ou qui, par des manœuvres coupables, a empêché ou retardé son départ ; ce procès-verbal est adressé à l'autorité judiciaire.

339. Le commandant de la brigade qui a arrêté, ou à qui on a remis un individu réputé déserteur, le met en route pour être conduit, de brigade en brigade, au chef-lieu du département, devant le commandant de la gendarmerie.

340. Les déserteurs dont le corps est parfaitement connu, et qui sont arrêtés dans un lieu situé plus près de leur corps que du chef-lieu du département, sont conduits directement à leur corps ; le commandant de la brigade qui en fait la remise en retire un récépissé au bas d'une expédition de son procès-verbal. — L'ordre de conduite ne doit être délivré que lorsqu'il y a certitude que l'individu appartient réellement au corps dont il s'est déclaré déserteur ; en conséquence, il est maintenu en prison si le corps se trouve stationné à plus de six journées de marche du lieu d'arrestation, jusqu'à ce qu'on ait reçu du corps, auquel le fait est immédiatement signalé, des renseignements qui confirment l'exactitude de la déclaration.

341. Si le prévenu n'a pas été arrêté par la gendarmerie, le commandant de la brigade devant lequel il a été amené rédige, sur la déclaration et en présence du capteur, ainsi qu'en présence du détenu, le procès-verbal d'arrestation : si le capteur est dans l'intention de réclamer du préfet la gratification qui est accordée par la loi, il fait viser ce procès-verbal par le commandant de la gendarmerie du département.

342. Les signalements des militaires déclarés déserteurs sont envoyés au chef de la légion de gendarmerie dans l'arrondissement de laquelle se trouve le département où ils sont nés et où il ont eu leur dernier domicile ; ils sont transmis au commandant de la compagnie, qui les conserve dans ses archives et qui en adresse des copies dans toutes les brigades, par l'intermédiaire des commandants d'arrondissement. — Les signalements des insoumis sont adressés aux commandants de la compagnie de gendarmerie du département auquel ils appartiennent, par les soins du commandant du dépôt de recrutement.

343. Le délit de désertion et d'insoumission ne se prescrivant pas, les signalements doivent toujours être conservés avec le plus grand soin, et les poursuites doivent être continuées jusqu'à ce que l'arrestation soit opérée ou jusqu'à l'arrivée du signalement n° 2, qui indique l'arrestation ou la présentation volontaire.

344. Les insoumis qui sont arrêtés sont conduits, sous l'escorte de la gendarmerie, à la prison militaire du lieu où siége un des conseils de guerre de la division dans laquelle l'arrestation a été opérée, et mis à la disposition du général commandant la division. — Ceux qui se présentent volontairement peuvent être dirigés librement, avec une feuille de route, sur le chef-lieu de la division dans laquelle ils se trouvent, après qu'il a été dressé procès-verbal de cet acte de soumission, et que le général de division auquel il a été transmis a donné son approbation. — Les sous-préfets, sous-intendants militaires, commandants ou capitaines de recrutement, les officiers de gendarmerie de tous grades, peuvent être délégués par le général de division ou de brigade pour recevoir les déclarations de soumission et faire délivrer des feuilles de route pour le chef-lieu de la division. — La gendarmerie doit exercer une surveillance active sur les jeunes soldats qui sont ainsi dirigés, afin de les forcer de suivre l'itinéraire prescrit.

345. Les brigades vérifient, avec le plus grand soin, les passe-ports des voya-

geurs qui, par leur âge, paraissent appartenir aux classes appelées.—Elles se concertent avec les maires, qui sont obligés de leur communiquer tous les renseignements et indices qu'ils ont recueillis sur le lieu présumé de la retraite des insoumis.

346. Dès qu'un commandant de la gendarmerie d'un département a appris qu'un insoumis est réfugié dans un autre département, il en prévient sur-le-champ le commandant de la gendarmerie de ce département, et lui transmet le signalement de cet insoumis.

347. Les gendarmes qui commettent, contre un déserteur ou insoumis, des violences criminelles, sont justiciables, pour le fait de ces violences, des tribunaux ordinaires, et non des conseils de guerre.

348. La gendarmerie est chargée de faire rejoindre les sous-officiers et soldats absents de leur corps, à l'expiration de leurs congés ou permissions. A cet effet, les militaires porteurs de ces congés sont tenus de les faire viser par le sous-officier ou brigadier de gendarmerie qui a la surveillance de leur commune. Le commandant de brigade en fait inscription sur le registre à ce destiné, et rend compte au commandant de l'arrondissement, en indiquant l'époque à laquelle ces congés doivent expirer.

349. Avant l'expiration de leurs congés, il fait prévenir ces militaires qu'ils doivent rejoindre, et s'assure qu'ils se mettent en route de manière à arriver à leur corps dans le délai prescrit par leur feuille de route.

350. Les officiers, sous-officiers et brigadiers de gendarmerie, dans les communes où il n'existe aucun hôpital civil ou militaire, se rendent, sur l'ordre du général commandant la subdivision, au domicile des militaires en congé, autres que ceux de la gendarmerie, qui, par suite de maladie, ont besoin d'une prolongation à titre de convalescence, afin de constater qu'ils ne sont pas transportables à l'hôpital le plus voisin. — Il est du devoir de la gendarmerie de faire connaître aux intéressés que c'est au général commandant la subdivision qu'ils doivent s'adresser tout d'abord, en joignant à leur demande un certificat de médecin et une attestation du maire de la commune établissant l'impossibilité de leur déplacement. — Les officiers de gendarmerie ne sont déplacés que lorsqu'il s'agit de constater la position des officiers.

351. Les officiers de gendarmerie assistent, dans les communes de leur circonscription où il n'existe pas d'hôpital militaire, à la contre-visite des militaires pour lesquels les médecins des hôpitaux civils demandent des congés ou des prolongations de congé à titre de convalescence, et ils visent les certificats de contre-visite.

352. La gendarmerie doit se porter en arrière et sur les flancs de tout corps de troupe en marche ; elle arrête les traînards ainsi que ceux qui s'écartent de leur route, et les remet au commandant du corps, ainsi que ceux qui commettent des désordres, soit dans les marches, soit dans les lieux de gîte ou de séjour.

353. Elle veille à ce que les officiers, sous-officiers et soldats, voyageant en troupe ou isolément, ne surchargent pas les voitures qui leur sont données pour leur transport et celui des bagages, qu'ils n'excèdent ni ne surmènent les chevaux, qu'ils ne maltraitent pas les conducteurs, qu'ils ne menacent ni n'injurient les fonctionnaires publics, non plus que les préposés au service, qu'ils ne s'emparent, pour les ajouter aux voitures ou pour tout autre usage, d'aucun cheval travaillant dans la campagne ou passant sur la route. — Elle doit prévenir ces désordres et en signaler les auteurs aux commandants des corps ou détachements, qui sont chargés, sous leur responsabilité, de réprimer tous les excès et abus qui ont été commis. — Procès-verbal de ces faits doit être adressé immédiatement, par la voie hiérarchique, au commandant de la compagnie.

354. Les officiers ou commandants de brigade ne peuvent recevoir des chefs de corps ou de détachements, en marche ou en garnison, aucun militaire pour être conduit sous l'escorte de la gendarmerie, sans un ordre écrit du général commandant la division ou la subdivision militaire.

355. Les sous-officiers, brigadiers et gendarmes se font présenter les feuilles de route des militaires marchant sans escorte ; à l'égard de ceux auxquels il est accordé des transports, ils s'assurent, par l'examen des feuilles de route et des mandats de fournitures dont les conducteurs de convois doivent être porteurs, s'il n'a pas été donné ou reçu de l'argent en remplacement de ces fournitures. — Tout militaire auquel il a été accordé un transport en est privé, s'il est rencontré faisant sa route à pied, sans être précédé ou suivi de près de la voiture ou du cheval destiné à son transport ; à cet effet, le commandant de la brigade lui retire les mandats dont il se trouve porteur, et annote sur la feuille de route qu'il doit être privé du convoi. — Ces mandats sont transmis aussitôt au commandant de la compagnie et adressés par lui au sous-intendant militaire qui les a délivrés. — Dans le cas où un militaire ayant droit au transport ne serait porteur d'aucun coupon, il est à présumer qu'il en a fait la vente au préposé des convois ; cette circonstance est mentionnée sur la feuille de route, et il en est rédigé un procès-verbal, qui est transmis par le commandant de la compagnie au sous-intendant militaire.

356. La gendarmerie est appelée à concourir à la surveillance des militaires appartenant à la réserve de l'armée de terre et de mer. — Lorsqu'un militaire faisant partie de la réserve a été condamné à une peine de discipline, les mesures d'exécution sont assurées, s'il y a lieu, par les soins de la gendarmerie. — Sont compris dans la réserve, 1° les militaires de toutes armes en congé provisoire, autrement dit libérés par anticipation ; 2° les jeunes soldats non encore appelés sous les drapaux ; 3° les substituants ou remplaçants non appelés à l'activité.

357. Les commandants de compagnie reçoivent du commandant de recrutement un contrôle signalétique des hommes appartenant à la réserve, dressé par circonscription de brigade ; ils renvoient cet état, le plus promptement possible, à l'officier de recrutement, avec les renseignements demandés.

358. Lorsque l'arrivée d'un militaire compris dans l'état signalétique n'a pu être constatée, le commandant de la brigade en tient note, et il a soin de prévenir directement l'officier de recrutement de l'époque à laquelle chaque militaire en retard a paru dans le lieu de sa résidence.

359. Les commandants de brigade tiennent chacun un état nominatif des militaires appartenant à la réserve et résidant dans les communes qui font partie de la circonscription de leur brigade : ils informent immédiatement de toutes les mutations qui surviennent le commandant de l'arrondissement, lequel doit en prendre note. — Le commandant de l'arrondissement informe, sans délai, l'officier de recrutement des mutations survenues parmi les jeunes soldats qui n'ont point encore été appelés à l'activité.

360. Les commandants de la gendarmerie dans les cantons accordent aux militaires en congé provisoire de libération les autorisations d'absence du lieu de leur résidence, pour se rendre dans une autre localité du département ou dans un autre département, si cette absence doit durer plus de quinze jours. — Dans ce cas, ils prennent note de la commune, du canton, de l'arrondissement, et s'il y a lieu, du département où le militaire se propose de résider ; ils se font remettre le titre de congé en échange de l'autorisation qu'ils délivrent, pour, ensuite et sans retard, transmettre le tout au commandant de recrutement du département. — La permission demandée ne peut être refusée sans des motifs graves, dont il est rendu compte immédiatement au général commandant la subdivision militaire. — S'il s'agit d'un jeune soldat, l'autorisation d'absence lui est accordée par le maire de la commune, qui lui délivre un passe-port, pour être présenté par lui au commandant de la gendarmerie du canton où il arrive, qui le vise et en prend note sur le registre.

361. Si le déplacement du militaire dans le même département doit durer plus de trois mois, l'autorisation d'absence ne peut être accordée que par le commandant du dépôt de recrutement. — Les permissions d'absence pour un autre département, dont la durée excède deux mois, doivent être soumises à l'approbation du général commandant la subdivision.

362. Lorsqu'un changement de résidence est autorisé, la gendarmerie de l'ancienne et de la nouvelle résidence est avertie. Dès l'arrivée dans sa nouvelle résidence d'un militaire en congé provisoire, le commandant de la gendarmerie vise son congé ainsi que l'autorisation qu'il a reçue, et en prend note sur son registre.

363. Les ordres de convocation et les congés définitifs de libération des militaires faisant partie de la réserve peuvent être transmis aux titulaires par l'intermédiaire de la gendarmerie.

364. Dans l'intérêt de l'ordre public, la gendarmerie assiste toujours aux appels périodiques des militaires et jeunes soldats de la réserve qui sont faits sur les lieux par les soins des officiers attachés au dépôt de recrutement de chaque département. — Ces appels ont lieu tous les six mois, par commune, par canton ou par circonscription de brigade de gendarmerie, selon les localités. — L'époque en est déterminée par un ordre spécial du ministre de la guerre.—Le commandant de recrutement notifie l'époque où ils doivent avoir lieu au commandant de la gendarmerie du département, qui en donne connaissance à ces brigades par la voie de l'ordre, afin qu'elles concourent à en assurer l'exécution.

365. Les officiers, sous-officiers et brigadiers de gendarmerie peuvent être appelés à concourir à cette opération dans les cantons des arrondissements de leur résidence, celui du chef-lieu du département excepté.

CHAPITRE II. — DES CORRESPONDANCES ET DES TRANSFÈREMENTS DE PRISONNIERS.

SECTION Iᵣₑ. — Transfèrement des prisonniers civils.

366. L'une des fonctions habituelles et ordinaires des brigades de gendarmerie est de correspondre périodiquement entre elles, à des jours et sur des points déterminés par les chefs de l'arme. — Les points de correspondance sont toujours assignés autant que possible, à égale distance des brigades qui doivent s'y rendre, et dans les lieux où les sous-officiers, brigadiers et gendarmes chargés de ce ser-

vice peuvent trouver un abri momentané pour eux-mêmes et pour les individus confiés à leur garde, pendant le temps nécessaire à la remise des personnes et des objets.

367. Ces correspondances périodiques ont essentiellement pour objet le transfèrement des prisonniers de brigade en brigade, et la remise des pièces qui les concernent. — Elles ont également pour objet, de la part des sous-officiers et gendarmes qui s'y rendent, de se communiquer réciproquement les renseignements et avis qu'ils ont pu recevoir, dans l'intervalle d'une correspondance à l'autre, sur tout ce qui intéresse la tranquillité publique ; de concerter leurs opérations relativement à la recherche des malveillants de toute espèce dont ils auront connaissance ; de se remettre réciproquement les signalements des individus prévenus de crimes et délits, évadés de prison ou des bagnes ; et enfin de s'éclairer mutuellement sur les moyens à prendre pour concourir à la répression de tout ce qui peut troubler l'ordre social.

368. Toutes les fois qu'il s'agit de transférer des prévenus ou condamnés de brigade en brigade, par tous moyens de transport ordinaire ou extraordinaire, les officiers de gendarmerie ont seuls le droit de donner les ordres de conduite : dans les chefs-lieux de département, ce droit est dévolu aux commandants de compagnie ; mais c'est à l'officier commandant l'arrondissement qu'il appartient de désigner et d'inscrire, en marge de ces ordres, le nombre des gendarmes et le nom du sous-officier, brigadier ou gendarme qui a le commandement de l'escorte, et qui est chargé de la conduite jusqu'à la station ordinaire de la brigade. Si les prisonniers sont de différents sexes, ils doivent être transférés séparément.

369. Si les prévenus ou condamnés sont transférés en exécution d'un ordre de l'autorité militaire, ou en vertu d'un mandat de justice, ou par l'effet d'une réquisition émanée de l'autorité administrative, une copie certifiée de l'ordre, du mandat ou de la réquisition, doit toujours être jointe à l'ordre de transfèrement, en marge duquel est inscrit le bordereau des pièces qui doivent suivre les prévenus ou les condamnés ; ces pièces sont cachetées et remises au commandant de l'escorte, qui en donne son reçu sur le carnet de correspondance, dans les termes suivants : — « Reçu l'ordre et les pièces y mentionnées. » — Les signalements des prisonniers sont inscrits à la suite de l'ordre de transfèrement.

370. Les ordres de conduite ou feuilles de route des prévenus et condamnés doivent toujours être individuels, quel qu'en soit le nombre, afin que, dans le cas où l'un d'eux vient à tomber malade en route, il puisse être déposé dans un hôpital, sans retarder la marche des autres.

371. Dans chaque lieu de gîte, les prévenus ou condamnés sont déposés dans la maison d'arrêt. — En remettant ces prévenus ou condamnés au concierge, gardien ou geôlier, le commandant de l'escorte doit faire transcrire en sa présence, sur les registres de la geôle, les ordres dont il est porteur, ainsi que l'acte de remise des prisonniers au concierge de la maison d'arrêt ou de détention, en indiquant le lieu où ils doivent être conduits. — Le tout doit être signé, tant par les gendarmes que par le geôlier ; celui-ci en délivre une copie au commandant de l'escorte pour sa décharge.

372. Dans le cas où il n'y a pas de maison d'arrêt ou de détention dans le lieu de résidence d'une brigade, les prévenus ou condamnés sont déposés dans la chambre de sûreté de la caserne de gendarmerie ; ils y sont gardés par la gendarmerie de la résidence jusqu'au départ du lendemain ou du jour fixé pour la correspondance ; mais, si les prisonniers sont de différents sexes, les femmes sont remises à la garde de l'autorité locale, qui pourvoit à leur logement. —En cas de refus du maire de pourvoir à la subsistance des prisonniers déposés dans la chambre de sûreté, la gendarmerie, après l'avoir constaté par procès-verbal, est tenue de leur fournir les aliments déterminés par les règlements en vigueur, sauf remboursement par l'autorité administrative.

373. Les conduites extraordinaires ne doivent avoir lieu qu'en vertu d'ordres ministériels, réquisitions des magistrats des cours d'appel et sur les demandes particulières faites par les pères, mères, tuteurs ou conseils de famille ; hors les cas ci-dessus, les conduites sont toujours faites de brigade en brigade.

374. Lorsque la translation par voie extraordinaire est ordonnée d'office ou demandée par le prévenu ou accusé, à cause de l'impossibilité où il se trouve de faire ou de continuer le voyage à pied, cette impossibilité est constatée par certificat de médecin ou de chirurgien.

375. Les prévenus ou accusés qui peuvent faire les frais de leur transport et du retour de l'escorte sont conduits directement à leur destination, en se soumettant aux mesures de précaution que prescrit le magistrat qui a autorisé la translation.

376. Les conduites qui ont lieu jusqu'à destination, en vertu d'un ordre ministériel, donnent droit, si les gendarmes sortent de leur département, à une indemnité fixée par les règlements d'administration.

377. Le commandant de l'escorte qui a effectué le dépôt des prisonniers confiés à sa garde remet l'ordre de transfèrement et les pièces au commandant de la

brigade qui doit le relever ; celui-ci est tenu d'inscrire, sur le registre à ce destiné, les noms des prisonniers, le nombre des pièces qui lui ont été remises et le lieu où ils doivent être conduits ; il devient dès lors responsable du transfèrement. — L'inscription ci-dessus prescrite est toujours faite en présence du commandant de l'escorte qui a amené les prisonniers ; il signe sur le registre avec le commandant de la brigade. — Si, à défaut de maison d'arrêt ou de détention, les prévenus ou condamnés ont été déposés dans la chambre de sûreté d'une brigade, le commandant de l'escorte qui a effectué ce dépôt s'en fait donner un reçu sur la feuille de service dont il est porteur, ainsi que sur le carnet de correspondance.

378. Les mêmes dispositions ont lieu successivement dans toutes les brigades ; la dernière escorte, après la remise des prévenus ou condamnés à leur destination, se fait donner une décharge générale des prisonniers qu'elle a conduits et de toutes les pièces qui lui ont été confiées ; à son retour à la résidence, le commandant de la dernière escorte fait mention de cette décharge sur son registre, et la joint aux autres pièces qui concernent le service de la brigade, afin de pouvoir la présenter au besoin.

379. Lorsque les transports des prévenus ou condamnés se font par la correspondance des brigades, le commandant de l'escorte qui a été chargé de la conduite jusqu'au point de la réunion, après avoir fait vérifier par le commandant de la nouvelle escorte l'identité des individus confiés à sa garde, et lui avoir remis toutes les pièces mentionnées dans l'ordre de transfèrement, se fait donner un reçu du tout sur la feuille de service et sur le carnet de correspondance. — Si le nombre des prisonniers amenés à la correspondance, ou si des circonstances particulières exigent un supplément de force, le commandant qui doit continuer l'escorte peut requérir, parmi les gendarmes présents, le nombre d'hommes nécessaires à la sûreté des prisonniers.

380. Les gendarmes chargés d'une conduite, soit qu'elle ait lieu par la correspondance, ou qu'elle soit continuée jusqu'à la station de la première brigade, doivent rentrer le même jour à leur résidence, à moins d'empêchement résultant du service ou de la distance des lieux ; dans aucun cas, ils ne peuvent outrepasser la résidence de cette première brigade sans un ordre positif du commandant de la compagnie.

381. Il est expressément recommandé aux gendarmes sous l'escorte desquels marchent des prévenus ou condamnés, civils ou militaires, d'empêcher qu'ils fassent un usage immodéré de vin, cidre et autres boissons enivrantes ; ils doivent surtout leur interdire absolument l'usage des liqueurs spiritueuses. Ils peuvent aussi interdire l'emploi du tabac à fumer, lorsque cette précaution leur paraît nécessaire. — La fermeté et l'exactitude que la gendarmerie met à l'exécution de cet ordre préviennent le retour de circonstances fâcheuses, et ôtent aux prévenus l'occasion de nouvelles fautes, qui ne peuvent qu'aggraver leur position.

382. La mendicité étant un délit prévu par le Code penal, et qui doit être réprimé partout où il se produit, la gendarmerie s'oppose par tous les moyens en son pouvoir, à ce que les individus civils ou militaires confiés à sa garde sollicitent ou reçoivent des secours de la charité publique.—Les chefs d'escorte sont personnellement responsables des infractions qui peuvent être commises.

383. Les sous-officiers, brigadiers et gendarmes employés au service de conduite ou de correspondance, qui ramènent pas de prisonniers, ne reviennent pas par la même route ; il leur est enjoint de se porter dans l'intérieur des terres, de visiter les hameaux, de fouiller les bois et les lieux suspects, et de prendre dans les fermes et maisons isolées toutes les informations qui peuvent leur être utiles.

384. Les sous-officiers et gendarmes montés qui sont chargés de conduire des prévenus ou condamnés marchent, toujours à cheval, dans une bonne tenue militaire et complétement armés ; les sous-officiers, brigadiers et gendarmes à pied sont pareillement armés et équipés complétement. Dans le cas où les prisonniers doivent être conduits en poste, en vertu d'ordres supérieurs, l'escorte prend place dans les voitures avec les prisonniers.

385. Les prévenus ou condamnés sont généralement conduits à pied de brigade en brigade ou par les voies de fer ; néanmoins ils peuvent, si des circonstances extraordinaires l'exigent, être transférés, soit en voiture, soit à cheval, sur les réquisitions motivées des officiers de justice.

386. Avant d'extraire des prisons les individus dont le transfèrement est ordonné de brigade en brigade, les sous-officiers, brigadiers et gendarmes s'assurent de leur identité et vérifient s'ils n'ont pas sur eux des objets tranchants ou quelque instrument qui puisse servir à favoriser leur évasion. Ces militaires exigent des prisonniers le dépôt de l'argent ou des valeurs qu'ils possèdent. Il en est fait mention sur les feuillles de route, et ces objets sont restitués par la gendarmerie à l'arrivée à destination.

387. Pendant le trajet, les gendarmes ne doivent pas perdre de vue un seul des mouvements des prisonniers ; ils doivent observer s'ils ne tentent pas de s'évader par ruse ; ils les surveillent de très-près, surtout dans les passages qui peuvent

favoriser leur évasion, tels que bois, ravins, fossés, rivières, chemins encaissés, montagnes ou autres lieux accidentés dont le site rendrait la poursuite difficile, et lorsqu'il y a affluence de monde sur la route qu'ils ont à parcourir.

388. Si un prisonnier tombe malade ou arrive malade dans une résidence de brigade où il n'y a ni prison ni hôpital, il reste déposé dans la chambre de sûreté de la caserne ; les secours nécessaires lui sont administrés par les soins du maire ou de l'adjoint, mais jusqu'au moment seulement où il peut être transféré sans danger dans la maison de détention où dans l'hôpital le plus à proximité.

389. Si le prisonnier meurt entre les mains des gendarmes de l'escorte, ou à la chambre de sûreté, ils doivent en prévenir immédiatement le maire de la commune dans laquelle ce prisonnier est décédé, et l'inviter à faire procéder à son inhumation, après les délais voulus par la loi ; ils signent l'acte de décès, dont ils se font délivrer une copie, et la joignent au procès-verbal qu'ils dressent pour constater cet événement ; ils y joignent également l'ordre de conduite et les pièces concernant le prisonnier ; ils font l'envoi du tout au commandant de l'arrondissement, lequel se conforme à ce qui est prescrit ci-après pour les prisonniers morts dans les hôpitaux civils ou militaires.

390. Lorsqu'un prévenu ou condamné, conduit à pied par la gendarmerie, tombe malade en route, le maire ou l'adjoint du lieu le plus voisin, sur la réquisition des sous-officiers, brigadiers ou gendarmes chargés de la conduite, est tenu de pourvoir aux moyens de transport jusqu'à la résidence de la brigade, la maison de détention ou l'hôpital le plus à proximité dans la direction de la conduite du prisonnier. Si c'est une maison de détention, le prisonnier y est placé à l'infirmerie, et remis à la garde du concierge, qui en donne reçu ; si c'est un hôpital civil, il y est soigné dans un lieu sûr, sous la surveillance des autorités locales. — Dans ce cas, les papiers, objets et pièces de conviction, s'il y en a, restent entre les mains du commandant de la gendarmerie du canton ; et, après le rétablissement de ce prisonnier, ils sont joints à l'ordre de conduite, avec un certificat constatant l'entrée et la sortie de l'hôpital, ou les motifs du séjour prolongé, soit dans la maison de détention, soit dans la chambre de sûreté de la caserne. — Les commandants de brigade doivent veiller à ce que les prisonniers entrés aux hôpitaux civils n'y restent pas au-delà du temps nécessaire pour leur rétablissement.

391. Si les pièces jointes à l'ordre de transfèrement concernent plusieurs individus dont l'un est resté malade en route, la conduite de ceux qui sont en état de marcher n'est pas interrompue, et les pièces ne sont pas retenues ; il est fait mention, sur l'ordre de transfèrement qui suit les autres prisonniers, des causes qui ont fait suspendre la translation de l'un ou de quelques-uns d'entre eux.

392. En cas d'évasion d'un prévenu ou condamné déposé à l'infirmerie d'une maison de détention ou soigné dans un hôpital, le commandant de la brigade de gendarmerie, au premier avis qu'il en reçoit, le fait rechercher et poursuivre ; il se rend au lieu de l'évasion pour connaître s'il y a eu connivence ou seulement défaut de surveillance de la part des gardiens ; il rédige le procès-verbal de ses recherches, et l'adresse sur-le-champ, avec les autres pièces qui concernent l'évadé, au commandant de l'arrondissement ; celui-ci les transmet au commandant de la compagnie, qui en rend compte à l'autorité compétente.

393. En cas de mort dans les hôpitaux civils d'un prévenu ou condamné, le commandant de la brigade se fait délivrer une expédition de l'acte de décès pour être réunie aux autres pièces qui peuvent concerner le décédé, et il fait l'envoi du tout, dans les vingt-quatre heures, au commandant de la gendarmerie de l'arrondissement ; cet officier transmet ces pièces au commandant de la compagnie.

394. Le commandant de la compagnie, après avoir rassemblé toutes les pièces relatives au prisonnier décédé, les fait parvenir, sans délai, au ministre de l'intérieur, si le prisonnier était condamné aux fers, à la réclusion ou à l'emprisonnement pour plus d'un an. — Si le prisonnier était simplement prévenu d'un délit de la compétence des cours d'appel ou des tribunaux de première instance, il les adresse à l'officier de police judiciaire qui a décerné le mandat d'amener, de dépôt, d'arrêt, ou qui a remis le transfèrement, et si c'était un condamné, au procureur impérial près la cour ou le tribunal qui a prononcé la condamnation. — Il est également donné connaissance de l'évasion ou du décès d'un prisonnier à l'autorité devant laquelle il devait être conduit.

SECT. II. — *Transfèrement des prisonniers militaires.*

395. Il est défendu à la gendarmerie d'escorter des prisonniers militaires marchant isolément ou en détachement, s'ils ne sont pas munis de feuilles de route individuelles portant indication des fournitures qu'ils doivent recevoir en route. — En conséquence, toutes les fois que les commandants de brigade ont à faire de ces sortes d'escortes, le sous-intendant militaire, ou à son défaut, le sous-préfet du lieu de départ, doit préalablement délivrer aux militaires des feuilles de route portant les indications ci-dessus.

396. Les mesures ordonnées pour le transfèrement des prisonniers civils sont les mêmes pour le transfèrement des prisonniers militaires, sauf les modifications ci-après :

397. Les militaires escortés doivent être conduits régulièrement le même jour d'un gîte d'étape à l'autre, sans pouvoir être déposés dans les communes intermédiaires.

398. La levée d'écrou d'un militaire détenu en vertu d'un jugement ou d'un ordre militaire ne peut être ordonnée que par l'autorité militaire.

399. Tout militaire ou individu appartenant à l'armée qui est arrêté par une brigade de gendarmerie dont la résidence n'est pas gîte d'étape, peut être déposé, le jour de son arrestation, dans la maison d'arrêt de cette résidence. — Tout militaire ainsi déposé dans une commune non gîte d'étape ne peut y rester plus de deux jours, celui de l'arrestation compris.

400. Dans le cas où des militaires arrêtés sont déposés dans la chambre de sûreté de la caserne de gendarmerie, ou dans tout autre local à défaut de prison, les commandants de brigade, sur le refus du maire, qui est constaté par procès-verbal, pourvoient à la nourriture de ces prisonniers; ils sont remboursés, par l'autorité administrative, des avances qu'ils ont faites.

401. La conduite des militaires envoyés aux compagnies de discipline doit se faire, sans interruption, de brigade en brigade, et sans attendre les jours de correspondance.

402. Les condamnés militaires font route à pied, à moins que, d'après un certificat des officiers de santé, ils ne soient reconnus hors d'état de marcher; alors il leur est fourni des voitures par les entrepreneurs des convois militaires, sur le pied fixé pour les militaires isolés.

403. Si un prévenu ou condamné militaire tombe malade en route, il est déposé et consigné à l'hôpital le plus proche, sous la surveillance spéciale de la gendarmerie et des autorités locales.

404. Lorsque des prisonniers militaires sont entrés aux hôpitaux, la gendarmerie, à défaut du sous-intendant militaire, est autorisée à faire des visites dans ces établissements, afin de s'assurer si leur séjour n'y est pas abusif et prolongé sans motif.

405. Les billets d'entrée aux hôpitaux des militaires isolés reconnus malades par les officiers de santé qui les ont visités, ainsi que ceux des militaires, condamnés ou prévenus, conduits par la gendarmerie, sont signés par les commandants de place, et, dans les lieux où il n'y a pas de commandant de place, par le commandant de la gendarmerie de la localité.

406. Lorsqu'un militaire transféré s'évade d'un hôpital militaire, le sous-intendant qui reçoit le rapport en dresse procès-verbal et en donne immédiatement avis au commandant de la place et à celui de la gendarmerie.
Dans les lieux où il n'y a pas de résidence de sous-intendant militaire, il est suppléé par la gendarmerie, qui procède comme il vient d'être dit.

407. En cas d'évasion d'un militaire confié à la garde de la gendarmerie, son signalement, extrait de la feuille de route ou du jugement, est sur-le-champ envoyé par le chef de l'escorte aux brigades voisines. — Si l'évasion a lieu pendant la marche, le commandant de l'escorte rédige, en outre, un procès-verbal indiquant exactement les nom et prénoms du prisonnier évadé, le corps auquel il appartient, la date du jugement, la peine prononcée, le lieu et les circonstances de l'évasion. — Le procès-verbal est immédiatement transmis au commandant de la gendarmerie du département, par la voie hiérarchique. — Si, dans les cinq jours qui ont suivi l'évasion, l'arrestation n'a pas eu lieu, le commandant de la gendarmerie transmet le procès-verbal au ministre de la guerre (bureau de la justice militaire), et lui fait connaître en même temps s'il a été fait des poursuites contre les fauteurs de l'évasion, et quel en a été le résultat. — Aussitôt après qu'un condamné évadé en route a été repris, le commandant de gendarmerie du département où l'arrestation a été effectuée en rend compte au ministre de la guerre (bureau de la justice militaire). — Les commandants de gendarmerie rendent également compte de cet événement au général commandant la division, par l'entremise du général de brigade commandant le département.

408. Si le militaire évadé appartient à l'armée de mer, les mêmes formalités sont remplies, et les pièces sont transmises au ministre de la marine. — Dans ce cas, les commandants de compagnie rendent compte de cet événement au préfet maritime de l'arrondissement auquel le militaire appartient et au général commandant la division dans laquelle l'évasion a eu lieu, par l'intermédiaire du général de brigade commandant le département.

409. Lorsqu'un militaire est décédé dans une maison de détention, ou qu'il s'en est évadé, le commandant de la gendarmerie du canton dresse un inventaire exact de l'argent et des effets qu'il a laissés ; il indique avec soin les nom et prénoms de ce militaire, le lieu de sa naissance, son département et le corps dans lequel il servait. — L'inventaire est fait en triple expédition et signé par le concierge de la

maison de détention, qui garde, par devers lui, une des expéditions. — Les effets et l'argent sont transportés sans délai, par la voie de la correspondance des brigades, jusqu'à l'hôpital militaire le plus voisin, et remis, avec la seconde expédition de l'inventaire, au comptable de l'hôpital, qui, après vérification, donne son reçu au bas de la troisième expédition, laquelle reste entre les mains du commandant de la brigade de l'arrondissement où l'hôpital est situé, pour servir à la décharge de ce militaire. Il est fait inscription de l'inventaire sur le registre d'ordre de la brigade. — A défaut d'hôpital militaire dans le département, les objets ci-dessus sont déposés, en suivant les mêmes formalités, dans les mains des administrateurs de l'hôpital civil le plus voisin, pourvu toutefois que cet établissement soit du nombre de ceux qui reçoivent des militaires malades.

410. Si le concierge de la maison de détention déclare que le militaire mort ou évadé n'a laissé ni effets ni argent, le commandant de la gendarmerie dresse procès-verbal de cette déclaration, qu'il fait signer au concierge, et il en inscrit le contenu sur le registre d'écrou. Ce procès-verbal est pareillement transmis au commandant de la compagnie.

411. Le concierge de la prison ou le comptable de l'hôpital où le condamné est déposé s'assure de même, avant de le recevoir, si le condamné est porteur de tous les effets mentionnés sur la feuille de route; il en est ainsi responsable pendant tout le temps que le condamné séjourne tant à l'hôpital qu'à la prison.

412. Si le militaire est décédé entre les mains de la gendarmerie, lorsqu'il marche sous escorte, il y a lieu de remplir les mêmes formalités que dans le cas de décès dans une maison de détention. Mais le procès-verbal n'est dressé qu'en deux expéditions signées par l'autorité locale. — Cet inventaire est toujours indépendant du procès-verbal qui doit constater cet événement, et qui doit être envoyé au commandant de la compagnie avec toutes les pièces concernant le militaire décédé.

413. Il est expressément défendu à la gendarmerie de faire la conduite des militaires condamnés à la peine des travaux publics ou du boulet avant d'avoir reçu une expédition individuelle et certifiée des jugements, et de s'être assuré si les condamnés sont pourvus de tous les effets d'habillement et de petit équipement prescrits par les règlements et dont le détail doit être inscrit sur la feuille de route de chaque homme. — La gendarmerie veille avec la plus grande attention à ce qu'il ne soit détérioré ni détourné aucune partie de ces effets par les condamnés pendant la route, et principalement dans les lieux de gîte. Si elle remarque qu'il leur manque quelques-uns de ces effets à la sortie des prisons, elle en dresse un procès-verbal, que le concierge est tenu de signer. Ce procès-verbal est joint à l'ordre de conduite des militaires condamnés, pour servir à la décharge des gendarmes.

414. Dans le cas où un condamné arrive à l'atelier sans être pourvu de la totalité des effets mentionnés sur la feuille de route, le sous-intendant constate, par un procès-verbal, l'absence de ces effets, et le ministre de la guerre fait exercer une retenue égale à la valeur des objets manquants sur la solde des gendarmes, si ce fait provient de leur faute. — Ces dispositions sont applicables à tout militaire conduit par la gendarmerie à une destination quelconque.

SECT. III.— *Responsabilité de la gendarmerie dans les transfèrements de prisonniers.*

415. Les sous-officiers et gendarmes doivent prendre toutes les mesures de précaution pour mettre les prisonniers confiés à leur garde dans l'impossibilité de s'évader : toute rigueur inutile pour s'assurer de leur personne est expressément interdite. La loi défend à tous, et spécialement aux dépositaires de la force armée, de faire aux personnes arrêtées aucun mauvais traitement ni outrage, même d'employer contre elles aucune violence, à moins qu'il n'y ait résistance ou rébellion, auquel cas seulement ils sont autorisés à repousser par la force les voies de fait commises contre eux dans l'exercice de leurs fonctions.

416. Toutefois les gendarmes ayant, en cas d'évasion, une responsabilité qu'il importe essentiellement de ne pas leur ôter, il y a lieu de leur laisser quelque latitude dans l'emploi des moyens qui, selon les circonstances, peuvent être indispensables pour prévenir les évasions; il leur est recommandé de préférence l'emploi de chaînettes en corde de fil de fer, ou de gourmettes fermant à cadenas, comme réunissant les conditions de solidité, de légèreté et de flexibilité. — Cependant, dans les cas rares, et lorsqu'il s'agit de la conduite d'un grand criminel, ou s'il y a mutinerie ou tentative d'évasion, on peut recourir aux poucettes. — Mais il est interdit de se servir de grosses chaînes ou de menottes à vis, ou colliers de chien, qui sont susceptibles de blesser les prisonniers et d'occasionner des accidents graves ; il est également formellement défendu de fixer à l'une des parties du harnachement le bout du lien qui retient un prisonnier. — Il importe d'indiquer, sur l'ordre de conduite, les tentatives d'évasion qui ont eu lieu pendant la route, et de veiller à ce que les prisonniers ne s'enivrent pas.

417. Dans le cas où il y a rébellion de la part des prisonniers et tentative violente d'évasion, le commandant de l'escorte, dont les armes doivent être toujours chargées, leur enjoint, au nom de la loi, de rentrer dans l'ordre, en leur déclarant que, s'ils n'obéissent pas, ils vont y être contraints par la force des armes. Si cette injonction n'est pas écoutée et si la résistance continue, la force des armes est déployée à l'instant même, pour contenir les fuyards, rebelles et révoltés.

418. Si, par suite de l'emploi des armes, un ou plusieurs prisonniers transférés sont restés sur place, le commandant de l'escorte fait prévenir immédiatement le juge de paix du canton ou tout autre officier de police judiciaire le plus à proximité, afin qu'il se rende sur les lieux.— Il dresse procès-verbal de cet événement et de toutes les circonstances dont il a été précédé, accompagné ou suivi.— Il fait prévenir également le commandant de la gendarmerie de l'arrondissement, qui doit se transporter immédiatement sur les lieux.

419. Le procès-verbal, signé de tous les gendarmes faisant partie de l'escorte, est remis à l'officier de police judiciaire; une copie en est envoyée immédiatement aux chefs de l'arme, afin que les diverses autorités compétentes en soient informées. — Le chef de l'escorte doit requérir le maire de la commune, afin qu'il dresse l'acte de décès et pourvoie à l'inhumation, toutefois après en avoir reçu l'autorisation du procureur impérial.

420. La conduite n'est pas retardée, à moins qu'il n'y ait décision contraire de l'autorité civile ou judiciaire, prise à l'occasion de cet événement.

421. Compte est rendu immédiatement par le commandant de la gendarmerie de l'arrondissement aux ministres de la guerre, de la justice, de l'intérieur, et au chef de la légion, indépendamment du procès-verbal transmis par lui au commandant de la compagnie.

422. Dans le cas où des prisonniers en route, sous l'escorte de la gendarmerie, viennent à s'évader, ceux qui restent sont toujours conduits à destination avec les pièces qui les concernent. Autant que possible, le chef d'escorte se met aussitôt sur les traces des individus évadés, et requiert les agents de l'autorité et les citoyens de lui prêter aide et assistance pour les rechercher et les arrêter. Il donne partout leur signalement, et ne cesse la poursuite que lorsqu'il a la certitude qu'elle est sans résultat. Il dresse procès-verbal et rend compte au commandant de l'arrondissement, qui prend tous les renseignements nécessaires pour savoir s'il y a eu connivence ou seulement négligence de la part des gendarmes. Cet officier ordonne de son côté les recherches et les poursuites qu'il juge convenables pour atteindre les évadés, transmet le procès-verbal au procureur impérial et informe le commandant de la compagnie. Il est rendu compte sans délai au ministre de la guerre. Le signalement des évadés est envoyé suivant l'ordre prescrit par l'art. 407. — Si tous les prisonniers sont parvenus à s'évader, les pièces sont adressées sur-le-champ, avec le procès-verbal de l'évasion, au commandant de l'arrondissement.

423. En cas d'évasion de détenus par suite de négligence, les gendarmes chargés de la conduite, sont passibles de peines proportionnées à la nature des crimes ou délits dont sont accusés les prévenus, ou des peines auxquelles ils sont condamnés ; il est donc indispensable, dans l'espèce, de rédiger les procès-verbaux avec exactitude, et d'entrer dans tous les détails pour préciser la responsabilité attachée à ces évasions.

424. Le commandant de la brigade qui a fourni l'escorte des prisonniers fait mention sur sa feuille de service des évasions qui ont eu lieu et des noms des gendarmes qui étaient chargés de la conduite.

425. Tout sous-officier, brigadier ou gendarme convaincu d'avoir emprunté ou reçu, à quelque titre que ce soit, de l'argent ou des effets des prévenus ou condamnés dont le transfèrement lui a été confié, est réformé, sans préjudice des peines qui peuvent être prononcées contre lui et qui sont déterminées par les art. 401 et 405 du Code pénal. — Si l'argent ou les effets ont été reçus par un officier, il y a crime de concussion.

426. Les sous-officiers, brigadiers ou gendarmes sont tenus de veiller à ce que les prisonniers reçoivent exactement les subsistances qui doivent leur être fournies pendant la route. — Ils préviennent les maires ou adjoints des infractions et négligences qu'ils remarqueraient sur la fourniture de la subsistance et du couchage; ils se refusent, dans ce cas, à signer et à certifier l'état relevé du registre d'écrou qui doit être présenté tous les trois mois au commandant de la brigade. — Ils s'assurent, la veille du départ, que les prévenus ou condamnés qu'ils doivent transférer ne sont point malades, et qu'ils sont munis des chaussures et vêtements nécessaires pour faire la route.

427. La même surveillance est exercée par les commandants de brigade, lorsque des militaires sont détenus dans les maisons d'arrêt ou de détention ; ils s'assurent également si les concierges de ces prisons leur fournissent exactement les denrées prescrites par les règlements, si la paille est renouvelée aux époques fixées et dans les quantités voulues, et si les chambres sont munies des ustensiles

nécessaires. — En cas de plaintes de la part des détenus, les commandants de brigade en vérifient l'exactitude, et rendent compte à leurs chefs, par la voie hiérarchique, des abus qu'ils ont découverts. — Les commandants de compagnie donnent aussitôt connaissance de ces abus, soit au préfet, soit au commandant de place, soit au sous-intendant militaire.

428. La gendarmerie dresse également procès-verbal contre tout gardien ou geôlier qui lui refuse l'ouverture des portes des prisons, des chambres de détenus à transférer, l'exhibition des registres d'écrou militaire, et qui n'opère pas immédiatement la transcription des ordres de justice pour écrouer, mettre en liberté ou transférer des prisonniers.

Sect. IV. — *Transfèrement des prisonniers par les voitures cellulaires.*

429. La gendarmerie est appelée à exercer une surveillance sur le transport des condamnés par les voitures cellulaires.

430. Lors du départ de chaque voiture cellulaire, il est fourni pour le service de surveillance, sur réquisition des préfets, et d'après les ordres ou instructions du ministre de l'intérieur, par la gendarmerie sur les lieux, un brigadier ou, au besoin, un sous-officier pour accompagner la voiture depuis le point de départ jusqu'à la destination définitive, quel que soit d'ailleurs le nombre des voyages qu'elle doit effectuer dans les maisons centrales en allant chercher les forçats pour les conduire aux bagnes.

431. Si le brigadier préposé à la conduite au moment du départ se trouve, dans le trajet, hors d'état de continuer sa route, il est pourvu immédiatement à son remplacement, au moyen d'une réquisition de l'autorité administrative, par la gendarmerie locale.

432. Les réquisitions, soit primitives, soit subsidiaires, doivent indiquer avec soin le lieu du départ de chaque voiture, ceux de passage et celui de sa destination définitive. — Les brigadiers, après avoir rempli la mission qui a été précisée dans les réquisitions, sont renvoyés immédiatement à leur résidence.

433. Les avances à faire par les compagnies auxquelles appartiennent ces brigadiers, ainsi que le chiffre des indemnités auxquelles ils ont droit, sont fixées par le règlement d'administration.

434. Le brigadier a la police de la voiture; il s'assure, avant le départ, si elle est en bon état, tant à l'intérieur qu'à l'extérieur; il veille à ce que les gardiens remettent au fondé de pouvoirs des entrepreneurs les extraits d'arrêts ou de condamnations des individus qui lui sont livrés; il constate leur identité en les interrogeant et en consultant leur signalement; il défère à toutes instructions écrites qui lui sont données par les préfets ou sous-préfets pour le transport des prévenus, accusés et autres personnes; il transmet ces instructions, avec son rapport, au ministre de l'intérieur.

435. Tout condamné malade ou en état d'ivresse est refusé par le brigadier, qui, dans ce cas, dresse un procès-verbal pour être transmis au ministre de l'intérieur. — Il lui est également interdit de recevoir toute femme allaitant son enfant, ou se trouvant dans un état de grossesse apparente, à moins que, dans ce dernier cas, il ne lui soit remis un certificat du médecin de la prison portant que le transfèrement peut avoir lieu sans danger.

436. Le brigadier veille à l'exécution des mesures de précaution et de sûreté à prendre à l'égard des condamnés, conformément à l'arrêté du 12 mars 1839 pour le ferrement; il transmet au ministre de l'intérieur les autorisations qui lui ont été délivrées à l'effet d'excepter des condamnés de la mesure du ferrement.

437. Avant le départ de la voiture, et en route, toutes les fois que le fondé de pouvoirs des entrepreneurs reçoit des condamnés, le brigadier veille à ce que les effets d'habillement qui leur sont dus, suivant la saison, d'après le marché passé avec les entrepreneurs, leur soient fournis propres et en bon état.

438. Le brigadier veille également à ce que les condamnés reçoivent les aliments déterminés par le règlement dont il lui est donné copie, et à ce qu'ils soient de bonne qualité; en cas de contestation, il en réfère au maire, qui prononce définitivement.

439. Il est expressément recommandé au brigadier d'empêcher qu'il ne soit vendu ou donné aux condamnés, par qui que ce soit, ni eau-de-vie, ni vin, ni toute autre boisson fermentée, ni tabac, ni aucune sorte d'aliments; en cas de contravention à ces prohibitions, il en rend compte au ministre de l'intérieur.

440. Le brigadier tient un journal à l'effet de constater, jour par jour, de quelle manière il est satisfait par l'entreprise aux prescriptions du marché passé pour la nourriture et l'habillement des condamnés; il donne connaissance de son journal aux fondés de pouvoirs des entrepreneurs, afin que ceux-ci puissent fournir leurs observations ou explications. — Le journal est envoyé, par le brigadier, au ministre de l'intérieur, aussitôt après l'accomplissement de sa mission. — En cas d'événements graves, il en rend compte immédiatement au ministre.

441. Le brigadier vise et certifie, à chaque article, le bordereau des sommes reçues par les fondés de pouvoirs des entrepreneurs, pour le compte des condamnés transférés. — Il s'assure que ces sommes sont exactement remises sur reçu au commissaire du bagne, au gardien de la prison ou à toute autre personne autorisée à recevoir l'argent des condamnés arrivés à leur destination. — Les agents de l'entreprise ne peuvent recevoir en dépôt au delà de vingt francs, pour le compte de chaque condamné ; les bijoux sont refusés.

442. Le brigadier, sur la demande des gardiens, prononce les punitions à infliger aux condamnés qui se rendent coupables d'infraction au règlement qui les concerne ; il leur est donné lecture de ce règlement, qui, de plus, reste affiché dans chaque cellule.

443. Au besoin, le brigadier prête main-forte aux gardiens pour maintenir les condamnés dans l'obéissance, réprimer les tentatives d'évasion et repousser toute attaque du dehors.

444. Le brigadier veille, 1° à ce que les gardiens s'abstiennent de toute injure et de toute menace envers les condamnés (toute infraction à ces dispositions est consignée dans son journal); 2° à ce que les condamnés n'aient aucune communication avec le public. — Si les gardiens se servent de leurs armes contre les condamnés, il dresse procès-verbal.

445. Le brigadier constate également par procès-verbal :
1° Les cas où, par un motif quelconque, il a été nécessaire de s'écarter de l'itinéraire tracé ; — 2° Les retards de force majeure, provenant de bris de voiture ou de tout autre accident qui a exigé le dépôt des condamnés entre les mains de l'autorité locale ; — 3° Les cas où, à raison de la longueur du trajet, il a été jugé indispensable de s'arrêter pour faire reposer les condamnés ; — 4° Les faits d'évasion ; — 5° Les bris et dégradations qui peuvent être faits méchamment par les condamnés, à la voiture et au mobilier de l'entreprise. — 6° Les cas où la voiture renfermant les condamnés est abandonnée par les deux gardiens à la fois.
Les procès-verbaux seront toujours communiqués au fondé de pouvoirs des entrepreneurs, lequel peut en prendre copie.

446. Le brigadier certifie véritables les paiements faits par l'entreprise pour chevaux de renforts extraordinaires, c'est-à-dire, attelés à la voiture en sus du nombre déterminé par le livre de poste, pour droits de péage de ponts et de bacs, ainsi que tous autres frais extraordinaires de locomotion.— Aucun pourboire aux postillons n'est admis comme dépense extraordinaire. — Il certifie, en même temps, qu'il y a eu nécessité d'employer des chevaux de renfort extraordinaires.

447. Le cas arrivant où il est absolument nécessaire de s'arrêter pour donner du repos aux condamnés, le brigadier choisit pour lieu de repos un chef-lieu de préfecture ou de sous-préfecture. Les condamnés sont déposés provisoirement dans la maison d'arrêt ou de justice, où il est pourvu à leur nourriture et aux frais du coucher par les soins du préposé de l'entreprise. — Avant d'en effectuer le dépôt, le brigadier donne avis de leur arrivée au maire, ainsi qu'au préfet ou sous-préfet, afin qu'il soit pris par eux telles mesures qu'il appartient, pour leur garde, jusqu'au moment du départ. — Le repos n'est jamais de plus de six heures et a lieu pendant le jour.

448. Si, par suite d'accident survenu à la voiture sur un point éloigné de toute population agglomérée, il devient nécessaire de s'arrêter et de mettre à pied les condamnés, le brigadier donne l'ordre aux postillons de se rendre, à cheval et en toute hâte, à la brigade de gendarmerie la plus voisine, pour y porter avis de l'accident et demander main-forte. — Il prescrit également, d'accord avec le fondé de pouvoirs des entrepreneurs, toutes les mesures extraordinaires qu'il juge nécessaires pour prévenir l'évasion des condamnés. — Si des condamnés ont été blessés, il pourvoit, par le même moyen, ou par tout autre plus prompt, s'il est possible, à leur soulagement, et fait appeler un médecin. — Si l'accident est survenu non loin de l'habitation du maire, il en donne avis à ce magistrat, afin qu'il ait à requérir, s'il en est besoin, la garde nationale, ou à prescrire toute autre mesure d'urgence pour le logement et la garde des condamnés, jusqu'à ce qu'il soit possible de se mettre en route. — Dans le cas prévu par cet article, l'entrepreneur pourvoit à toutes les dépenses faites par les condamnés.

449. Si, pendant le voyage, des condamnés sont reconnus, par les médecins appelés à les visiter, hors d'état d'être transportés plus loin, ils sont remis, suivant les localités, à la disposition, soit du préfet, soit du sous-préfet ou du maire, qui prescrivent à leur égard telle mesure qu'il appartient. — Ce cas arrivant, il est donné au préposé de l'entreprise, par l'autorité qui les a reçus, une décharge des condamnés laissés en route pour cause de maladie. — Il en est de même si le transfèrement de quelque condamné se trouve arrêté par ordre supérieur ou par mandat de l'autorité judiciaire. — Hors les cas prévus par le présent article, aucun condamné ne peut quitter sa cellule, même momentanément.

450. Lorsque, pour des motifs quelconques, des condamnés restent en route, le brigadier veille à ce qu'ils soient remplacés, sans retard, par d'autres condam-

nés en nombre égal, en exécution des clauses du marché et conformément aux ordres de service délivrés aux entrepreneurs.

451. En cas de décès d'un condamné pendant le trajet, il est pourvu à sa sépulture par les soins du brigadier de la commune et aux frais de l'entreprise ; il en est fait mention sur le journal du brigadier. — Une déclaration de décès est remise au préposé de l'entreprise pour lui servir de décharge.

452. En cas d'évasion, le brigadier remet au préfet, au sous-préfet ou au maire, suivant les localités, le signalement du condamné évadé et tous autres renseignements pouvant servir à son arrestation. — Il transmet, sans délai, au ministre de l'intérieur, les mêmes renseignements.

453. En arrivant au bagne, et au moment de la remise des forçats à l'administration de la marine, le brigadier communique son journal au commissaire chargé de leur réception, et lui donne sommairement des renseignements sur la conduite de chaque forçat pendant le trajet. .

454. Le brigadier, sur la demande des entrepreneurs, vise et certifie les états de dépenses faites par leurs préposés pour le service du transport.— En cas de malversation, il en donne avis sur-le-champ aux entrepreneurs.

455. Afin d'écarter les soupçons que peuvent faire naître, sous le rapport des mœurs, les relations obligées des agents de l'entreprise avec les femmes dont le transport est effectué par voie cellulaire, chaque cellule a une seconde serrure dont la clef est remise au brigadier par le fondé de pouvoirs des entrepreneurs.— De cette manière, le concours simultané de ce militaire et des préposés de l'entreprise devient indispensable pour faire sortir une détenue de sa cellule.

456. Dans les rapports que les brigadiers ont à adresser au ministre de l'intérieur, après chaque voyage, et lorsque des femmes ont été transférées, ils ont à certifier d'abord que la clef particulière qui leur est destinée leur a été remise, ensuite qu'aucune cellule occupée par une femme n'a été ouverte qu'en leur présence et avec leur concours. — Il leur est recommandé de remettre la clef après l'accomplissement de leur mission, soit aux brigadiers qui ont été désignés pour les remplacer, soit aux agents de l'entreprise, lorsque la voiture, voyageant à vide, n'a plus besoin d'être accompagnée par un agent de la force publique.

457. Lorsque des voitures cellulaires sont affectées au transport des prévenus, accusés, et des autres détenus appartenant à la population légale ou réglementaire des prisons, les mêmes sous-officiers, brigadiers ou gendarmes peuvent être préposés à la garde et à la conduite de ces détenus. Pendant tout le trajet, ils reçoivent, sur les frais de la justice criminelle, une indemnité spéciale qui est déterminée par des règlements d'administration.

458. Les mesures de précaution et de surveillance ordonnées pour le transport des condamnés aux bagnes sont les mêmes pour le transport des accusés ou détenus conduits d'une prison à l'autre dans chaque département.

CHAPITRE III. — SERVICE EXTRAORDINAIRE DES BRIGADES.

SECTION UNIQUE. — *Service légalement requis.*

459. Le service extraordinaire des brigades consiste à prêter main-forte :

1° Aux préposés des douanes, pour la perception des droits d'importation et d'exportation, pour la répression de la contrebande ou de l'introduction sur le territoire français de marchandises prohibées ;—2° Aux administrateurs et agents forestiers, pour la répression du maraudage dans les forêts et sur les fleuves, lacs ou rivières;—3° Aux inspecteurs, receveurs des deniers de l'Etat, et autres préposés, pour la rentrée des contributions directes et indirectes. — Les commandants de brigade ne doivent pas acquiescer aux demandes d'escorte que leur font directement les percepteurs des communes ; mais, dans le cas où ces fonctionnaires ont de justes raisons de craindre une attaque sur les fonds existant entre leurs mains, ils s'adressent au maire et le prient de requérir cette escorte ; — 4° Aux huissiers et autres exécuteurs de mandement de justice, porteurs de réquisitions ou de jugements spéciaux dont ils doivent justifier ; — 5° Aux commissaires et sous-commissaires, garde-barrières et autres agents préposés à la surveillance des chemins de fer.

460. La gendarmerie fournit les escortes légalement demandées, notamment celles pour la sûreté des recettes générales, convois de poudre de guerre, courriers des malles, voitures et messageries publiques chargées des fonds du gouvernement.

461. Les réquisitions pour l'exécution du service extraordinaire sont adressées, savoir : dans les chefs-lieux de département, au commandant de la compagnie ; dans les sous-préfectures, au commandant de l'arrondissement, et, sur les autres points, aux commandants des brigades.

462. Lorsque la gendarmerie doit pourvoir à la sûreté des diligences et malles chargées de fonds de l'Etat, les officiers ont à se concerter avec les autorités qui font la réquisition, pour remplacer par des patrouilles ou embuscades, dans l'intérêt de la conservation des chevaux, les escortes qui ne sont pas indispensables

et qui dérangent le service habituel des brigades. — Ces patrouilles ou embuscades, qui ont lieu plus particulièrement la nuit, sont combinées suivant la longueur du trajet que parcourent les diligences ou malles, et suivant les dangers prévus.

463. Lorsque l'escorte est reconnue indispensable par les préfets ou sous-préfets, elle ne peut être refusée par les officiers de gendarmerie; dans ce cas, si les gendarmes ne trouvent pas place à côté du conducteur sur la voiture, ils la suivent sans pouvoir l'abandonner avant l'arrivée à destination ou avant d'avoir été relevés. — Ils ne doivent se placer, ni en avant, ni sur les côtés de la voiture, mais se tenir en arrière à une distance de cent mètres environ, afin de ne pas la perdre de vue et d'être à même d'arriver subitement en cas d'attaque. — Pour ces escortes, les gendarmes doivent toujours avoir les armes chargées.

464. Dans le cas où l'escorte n'a pas été jugée nécessaire au moment du départ, la réquisition est remise au conducteur de la voiture, lequel peut en faire usage, au besoin, dans toute l'étendue de la route à parcourir.

465. La gendarmerie est également chargée de fournir des escortes pour la surveillance des transports et mouvements d'espèces entre les départements et les hôtels des monnaies, lorsque des réquisitions lui en sont faites par les autorités. — Mais cette surveillance ne doit s'exercer, en général, qu'au moyen de patrouilles et embuscades; elle n'a lieu que dans les circonstances et sur les points des grandes routes où il y a quelque danger à craindre. — Il n'est fourni d'escortes que dans le très-petit nombre de cas où ce service est le seul qui offre une garantie réelle. Ce service doit être combiné avec les autorités, pour le temps et les moyens, de manière à n'occasionner à la gendarmerie que le moins de dérangement possible.

466. Lorsque la gendarmerie se trouve dans l'impossibilité absolue d'escorter, elle en mentionne les causes sur la réquisition même.

467. La gendarmerie fournit les escortes aux convois de poudres, et, en cas d'insuffisance, le chef d'escorte requiert de la municipalité la garde nécessaire; cette garde est aux ordres du commandant du convoi.

468. Le commandant de l'escorte affecte un homme de sa troupe à chaque voiture, et visite fréquemment toutes les voitures pour s'assurer si tout est en bon état, s'il n'y a aucun accident à craindre, et si l'on prend toutes les précautions nécessaires pour les éviter.

469. Il fait marcher autant que possible le convoi sur la terre, jamais plus vite que le pas et sur une seule file de voitures. — Il ne souffre près du convoi aucun fumeur, soit de la troupe d'escorte, soit étrangers. Il est responsable des accidents qui peuvent provenir de cette cause, et de tous autres qui peuvent être attribués à sa négligence.

470. Le commandant de l'escorte empêche que rien d'étranger aux poudres ne soit sur les voitures, particulièrement des métaux et des pierres qui, par leur choc, peuvent produire du feu; que personne n'y monte qu'en cas de dérangement ou de réparations indispensables à faire à un baril (ce qui doit avoir lieu très-rarement et avec les plus grandes précautions, en descendant à cet effet le baril de la voiture et se servant du maillet en bois); que toutes les voitures étrangères à celles du convoi n'approchent pas de celui-ci : il les fait au besoin détourner et arrêter.

471. Il ne laisse approcher personne du convoi, et veille à ce qu'il ne soit pas fait de feu dans les environs. — Il fait passer les convois en dehors des communes, lorsqu'il y a possibilité, et, quand on est forcé de les faire entrer dans les villes, bourgs et villages, il requiert la municipalité de faire fermer les ateliers et les boutiques d'ouvriers dont les travaux exigent du feu, et de faire arroser, si la route est sèche, les rues par où l'on doit passer.

472. Le convoi n'est jamais arrêté ni stationné dans les villes, bourgs ni villages, et on le fait parquer, au dehors, dans un lieu isolé des habitations, sûr, convenable et reconnu à l'avance.

473. Le commandant de l'escorte requiert le maire, à défaut de troupe de ligne, de fournir un poste suffisant de garde nationale, pour veiller à la sûreté du convoi jusqu'au moment du départ. — A défaut de troupe de ligne et de garde nationale, le maire requiert quelques habitants pour garder le convoi. — Dans le cas seulement où le convoi n'est pas gardé par la troupe de ligne, le commandant de l'escorte est tenu de s'assurer par lui-même, pendant la nuit, si ce service se fait avec exactitude.

474. La gendarmerie chargée de fournir les escortes de poudre a le droit d'empêcher la circulation des convois pendant la nuit.

475. La réquisition, pour l'escorte, faite par l'agent chargé d'expédier les poudres, est adressée au commandant de la gendarmerie du lieu du départ, qui ne peut refuser d'obtempérer, et donnera à cet agent un reçu de la réquisition. — Cette réquisition est remise par le commandant de l'escorte à celui qui le relève, et il en tire reçu, et ainsi de suite, de brigade en brigade, jusqu'à l'arrivée à sa

destination, où cette réquisition est remise à l'agent en chef chargé de recevoir les poudres, lequel l'adresse au ministre ou à l'administration dont il dépend, avec tous les renseignements qui sont mentionnés.

476. Tout transport de poudre dont le poids excède cinq cents kilogrammes doit être escorté. — Tout individu chargé de faire un transport pour le compte du département de la guerre doit être porteur d'une lettre de voiture revêtue du visa du fonctionnaire qui a signé l'ordre d'exécution, soit du maire ou adjoint de la commune où s'opère le chargement de la voiture, afin qu'il soit toujours facile de reconnaître en route l'origine et la destination du matériel. Le cachet du signataire de l'ordre ou le cachet de la mairie doit être joint au visa.

477. Cette disposition est applicable aux transports de poudres du poids de cinq cents kilogrammes et au-dessous, bien qu'ils soient dispensés de marcher habituellement sous escorte. L'escorte doit être requise et accordée partout où la nécessité est reconnue, lors même que le transport a déjà été mis en route sans escorte.

478. Les gendarmes chargés de ces escortes ne peuvent abandonner les voitures confiées à leur garde avant d'avoir été relevés.

479. La gendarmerie est également chargée de la surveillance du transport des convois de poudres par eau ; elle exige que les barils soient arrangés et empilés d'une manière convenable sur les bateaux, et qu'ils soient entièrement isolés de tout autre objet transporté à bord du même bateau, enfin qu'ils soient entourés de tous côtés par de la paille et recouverts partout d'une toile bien serrée ou goudronnée.

480. Le commandant de l'escorte affecte un ou plusieurs gendarmes à chaque bateau, suivant la force dont il peut disposer ; il ne souffre pas qu'on fasse du feu à bord, ni qu'on y fume ; il est responsable des accidents qui surviennent par suite de contravention à ces instructions.

481. Il veille à ce qu'on jette exactement l'eau que le bateau est dans le cas de faire, et même à ce que l'on bouche ou diminue la voie. S'il faut travailler au bateau avec quelques outils, on ne se sert que de maillets de bois, comme il a été prescrit pour réparer les barils, et on ôte avec précaution les barils de poudre des endroits où l'on travaille et des parties qui les environnent.

482. Lorsqu'un convoi par eau traverse une ville, un bourg ou un village, le commandant de l'escorte requiert la municipalité de faire fermer les ateliers et les boutiques des ouvriers dont les travaux exigent du feu, ainsi qu'il a été prescrit pour les convois par terre.

483. Les bateaux chargés de poudre doivent toujours être isolés, soit dans la marche, soit lorsqu'ils sont amarrés. En conséquence, le commandant de l'escorte fait éloigner tous les autres bateaux qui veulent s'en approcher.

484. Il ne laisse pas amarrer les bateaux chargés de poudres près des communes ou habitations ; il veille à ce qu'aucun étranger n'approche du convoi, et à ce qu'on ne fasse pas de feu dans les environs des endroits où ils sont amarrés. — Lorsqu'un bateau est amarré, il doit rester, le jour et la nuit, au moins un gendarme à bord, et le commandant de l'escorte exige qu'il y reste un marinier pour parer aux événements qui pourraient arriver.

485. Dans le cas où des événements extraordinaires, tels qu'inondations, glaces et fermetures de canaux, empêchent des poudres de suivre leur destination, le commandant de l'escorte en prévient de suite le commandant de la place, ou, à son défaut, le maire, qui les fait emmagasiner dans un lieu sec et sûr, jusqu'à ce qu'elles puissent repartir ; le chef de l'escorte remet la réquisition et les instructions qui l'accompagnent à ces autorités ; il en tire reçu, prévient la brigade la plus voisine, rend compte immédiatement à ses chefs, et l'escorte rentre à sa résidence. — Lorsque les poudres peuvent suivre leur destination, l'une ou l'autre de ces autorités requiert l'escorte d'usage, lui remet les pièces et en tire un reçu.

486. Les dispositions à prendre pour la surveillance des transports de poudre par chemin de fer, sont déterminées par un règlement spécial en date du 10 novembre 1852. Les gendarmes chargés de l'escorte veillent scrupuleusement à l'exécution des mesures de précaution prescrites par ce règlement.

CHAPITRE IV. — DES PROCÈS-VERBAUX ET FEUILLES DE SERVICE.

SECTION Ire. — *Des procès-verbaux.*

487. Toutes les fois que la gendarmerie est requise pour une opération quelconque, elle en dresse procès-verbal, même en cas de non-réussite, pour constater son transport et ses recherches.

488. Elle dresse également procès-verbal des crimes, délits et contraventions de toute nature qu'elle découvre, des crimes et délits qui lui sont dénoncés, de tous les événements importants dont elle a été témoin, de tous ceux qui laissent des traces après eux et dont elle va s'enquérir sur les lieux, de toutes les déclarations qui peuvent lui être faites par les fonctionnaires publics et les citoyens qui sont

en état de fournir des indices sur les crimes ou délits qui ont été commis, enfin de toutes les arrestations qu'elle opère dans son service.

489. Un gendarme peut verbaliser seul, et son procès-verbal est toujours valable ; mais il n'en est pas moins à désirer que tous les actes de la gendarmerie soient constatés par deux gendarmes au moins, afin de leur donner toute la force possible en opposant en justice leurs témoignages aux dénégations des délinquants.

490. Les sous-officiers, brigadiers et gendarmes requis de prêter main-forte aux fonctionnaires et aux agents de l'autorité administrative ou judiciaire peuvent signer les procès-verbaux dressés par ces fonctionnaires et agents, après en avoir pris connaissance ; mais ils ne dressent pas de procès-verbaux de ces opérations ; ils en font seulement mention sur les feuilles et rapports de service.

491. Les procès-verbaux des sous-officiers, brigadiers et gendarmes sont faits sur papier libre ; ceux de ces actes qui sont de nature à donner lieu à des poursuites judiciaires, sont visés pour timbre et enregistrés en débet ou gratis, suivant les distinctions établies par les lois de finances ou règlements spéciaux. — Ils sont présentés à cette formalité par les gendarmes dans le délai de quatre jours, lorsqu'il se trouve un bureau d'enregistrement dans le lieu de leur résidence ; dans le cas contraire, l'enregistrement a lieu à la diligence du ministère public chargé des poursuites.

492. Les procès-verbaux constatant des contraventions du ressort des tribunaux de simple police sont essentiellement soumis à la double formalité du timbre et de l'enregistrement en débet. — Il en est de même de ceux constatant des faits intéressant l'Etat, les communes et les établissements publics, enfin de ceux rédigés pour mort violente, lorsqu'ils contiennent l'inventaire des effets trouvés sur le décédé ou près de lui. — Sont également soumis au droit de timbre et d'enregistrement les procès-verbaux de contravention en matière de douanes et de contributions indirectes, indépendamment de l'affirmation qui est exigée.

493. Les procès-verbaux de la gendarmerie en matière de contraventions aux lois et règlements sur la grande voirie et sur la police du roulage doivent être affirmés. — L'affirmation a lieu dans le délai de trois jours, à partir de la date de la rédaction du procès-verbal. — Ces procès-verbaux sont exempts de la double formalité du timbre et de l'enregistrement.

494. L'affirmation des procès-verbaux peut être faite, soit devant le juge de paix du canton ou devant le maire et les adjoints du lieu sur lequel la contravention a été commise, soit devant le juge de paix, le maire et ses adjoints du lieu de la résidence des gendarmes verbalisants.— Les gendarmes ayant leur résidence dans une ville, sans être exclusivement attachés à l'un des cantons dont cette ville se trouve composée, peuvent affirmer leurs procès-verbaux indifféremment devant le juge de paix de l'un de ces cantons.

495. Tous les procès-verbaux dressés par les brigades sont généralement établis en double expédition, dont l'une est remise, dans les vingt-quatre heures, à l'autorité compétente, et l'autre est adressée au commandant de l'arrondissement. Cet officier, après avoir examiné ce qui peut se trouver de défectueux ou d'omis dans la rédaction de ces procès-verbaux, les transmet, avec ses observations, au commandant de la compagnie. — Les procès-verbaux d'arrestation des forçats évadés et des déserteurs de l'armée de terre ou de mer sont en quadruple expédition. — Le signalement des individus arrêtés doit toujours être inscrit au bas du procès-verbal. — Les procès-verbaux en matière de roulage et de grande voirie doivent être faits en triple expédition ; deux expéditions revêtues de l'affirmation sont remises au préfet ou sous-préfet, et la troisième est adressée au commandant de la compagnie, avec indication que cette formalité a été remplie.—Les procès-verbaux relatifs à la contrebande sont en triple expédition, dont deux sont adressées au directeur des douanes et des contributions indirectes.

496. Dans les résidences où il n'y a pas d'officiers de gendarmerie, les procès-verbaux rédigés par les militaires de cette arme sont adressés directement aux autorités compétentes, pour accélérer la transmission des dépêches ; mais les commandants de brigade n'en sont pas moins tenus d'en adresser immédiatement une expédition au commandant de l'arrondissement.

497. L'une des deux expéditions des procès-verbaux dressés par la gendarmerie, en matière de simple police, est transmise par le commandant de brigade au commissaire de police, ou au maire, remplissant les fonctions du ministère public près le tribunal de simple police de la localité ; l'autre expédition est transmise au commandant de l'arrondissement, qui doit adresser, les 1er et 15 de chaque mois, au procureur impérial, un état sommaire de ces contraventions, avec la date des procès-verbaux qui les ont constatées, ainsi que les noms des contrevenants et celui du fonctionnaire auquel la remise en a été faite.

498. Les procès-verbaux de la gendarmerie font foi en justice jusqu'à preuve contraire ; ils ne peuvent être annulés, sous prétexte de vice de forme, notamment pour omission ou irrégularité de l'affirmation, qui n'est exigée, au surplus, que dans le petit nombre de cas prévus par les articles précédents. — Il en est de

même pour défaut d'enregistrement, les droits pouvant être perçus avant ou après le jugement.

499. Les gendarmes, étant chargés par les lois et règlements de police de constater, dans la circonscription de leurs brigades respectives, les contraventions qui peuvent être commises, doivent, comme tous les officiers de police judiciaire, être entendus à l'appui de leurs procès-verbaux.

SECT. II. — *Feuilles de service.*

500. Les journaux ou feuilles de service dont l'usage est prescrit par l'art. 234 du présent décret sont adressés aux compagnies par le ministre de la guerre, en nombre suffisant pour qu'un exemplaire en soit déposé chaque mois au secrétariat de la compagnie, et qu'un autre reste entre les mains des commandants de brigade, qui sont tenus d'indiquer sur ces feuilles les jours où les commandants d'arrondissement se sont présentés, soit dans la résidence, soit aux lieux de correspondance, pour leurs tournées et autres objets de service.

501. Les deux feuilles doivent être constamment au courant et présenter entre elles une parfaite concordance ; les commandants de brigade y indiquent succinctement, avec ordre, précision et clarté, le service de toute nature fait, chaque jour, par les hommes de la brigade désignés nominativement, au dehors et dans la résidence ; ils y font mention des crimes, délits, contraventions et événements graves qui ont été constatés, des arrestations qui ont été opérées, soit en flagrant délit, soit en vertu de réquisitoires de l'autorité, des notifications qui ont été faites aux électeurs, témoins et jurés ; et enfin, de tout le service exécuté par la brigade dans les vingt-quatre heures.

502. Les commandants de brigade inscrivent également, sur les feuilles de service, les correspondances qui ont été faites, les noms des gendarmes chargés des escortes, les noms des prisonniers transférés, les destinations assignées et le nombre de pièces jointes aux ordres de conduite. — Dans le cas où le nombre des prisonniers est trop considérable et dépasse quatre, ils sont indiqués numériquement.

503. La gendarmerie fait certifier, par la signature des maires, adjoints ou personnes notables, le service qu'elle fait dans les communes ; il lui est interdit de demander cette signature ailleurs que sur le lieu où le service qu'elle constate a été exécuté. — Si, pour une cause quelconque, un sous-officier, brigadier ou gendarme, se trouve dans la nécessité d'opérer seul, il doit faire constater cette circonstance par le maire, l'adjoint ou le notable, pour qu'à son tour son chef puisse apprécier les raisons de cette dérogation à la règle générale. — Le cachet de la mairie doit être apposé au bas de la signature du fonctionnaire, à moins d'impossibilité constatée et dont il est rendu compte.

504. Lorsque, dans une même journée, il y a deux services, ce qui arrive fréquemment, la feuille est donnée de préférence aux hommes qui vont en tournée de communes, le service de correspondance étant toujours constaté par les signatures données sur le carnet ; l'autre expédition, qui n'est que la copie littérale de la feuille signée par les autorités, reste dans les archives de la brigade et ne doit jamais être confiée aux gendarmes chargés d'un service, afin d'éviter qu'elle puisse être égarée.

CHAPITRE V. — Service de la gendarmerie aux armées.

Section unique. — *Police générale et attributions.*

505. La gendarmerie remplit, à l'armée, des fonctions analogues à celles qu'elle exerce dans l'intérieur : la surveillance des délits, la rédaction des procès-verbaux, la poursuite et l'arrestation des coupables, la police, le maintien de l'ordre, sont de sa compétence et constituent ses devoirs.

506. Elle n'est employée au service d'escorte et d'ordonnance que dans le cas de la plus absolue nécessité.

507. Les officiers et les sous-officiers de troupes sont tenus de déférer à la demande de la gendarmerie, lorsqu'elle croit avoir besoin d'appui.

508. Le commandant de la gendarmerie d'une armée reçoit le titre de grand prévôt ; le commandant de gendarmerie d'une division, celui de prévôt.

509. Les attributions du grand prévôt embrassent tout ce qui est relatif aux crimes et délits commis dans l'arrondissement de l'armée ; son devoir est surtout de protéger les habitants du pays contre le pillage et toute autre violence. — Les prévôts ont les mêmes attributions, chacun dans l'arrondissement de la division à laquelle il est attaché.

510. Tout militaire employé à l'armée qui a connaissance d'un crime ou délit doit en donner sur-le-champ avis au grand prévôt, ou à un prévôt, ou à quelque autre officier de gendarmerie. Il est tenu de répondre catégoriquement à toutes les questions que lui adresse le prévôt.

511. Le grand prévôt ou le prévôt, dès qu'il a eu connaissance d'un crime ou

délit, commence les informations nécessaires. — Dans le cas de flagrant délit entraînant peine afflictive ou infamante, il se transporte immédiatement sur les lieux ; il y opère la saisie des pièces de conviction et y dresse procès-verbal de toutes les dispositions et de tous les renseignements qu'il peut recueillir.

512. Il fait procéder à la recherche et à l'arrestation des prévenus, et dans ce dernier cas, les fait conduire devant le général commandant la division à laquelle ils appartiennent. — Il donne aux commissaires impériaux et aux rapporteurs près des conseils de guerre tous les documents que ceux-ci lui demandent et qu'il est en son pouvoir de leur procurer. — Il est tenu de déférer à la réquisition de comparaître comme témoin quand elle lui est faite régulièrement.

513. Il visite fréquemment les lieux qu'il juge avoir plus spécialement besoin de la surveillance ; il informe de son itinéraire les généraux près desquels il est placé.

514. Le grand prévôt a une garde à son logement ; dans les marches et dans ses tournées, il est escorté de deux brigades de gendarmerie. — Un prévôt, dans le même cas, est accompagné d'une brigade.

515. La gendarmerie a dans ses attributions spéciales la police relative aux individus non militaires, aux marchands, aux vivandiers et aux domestiques qui suivent l'armée. — En conséquence, le grand prévôt et le prévôt de la division inscrivent sur un registre les noms et les signalements des secrétaires, interprètes et employés que les généraux et les fonctionnaires de l'armée ont à leur suite.

516. Le grand prévôt reçoit et examine les demandes des personnes qui désirent exercer une profession quelconque à la suite de l'armée ; il accorde des permissions et délivre des patentes à celles qui justifient de leur bonne conduite, et qui offrent toutes les garanties pour le genre d'industrie auquel elles veulent se livrer.

517. Le prévôt de la division fait traduire devant lui les individus qui seraient trouvés à la suite des troupes sans en avoir l'autorisation. Il les condamne s'il y a lieu, à une amende de 50 fr., et les renvoie de l'armée, sans préjudice de plus fortes peines, s'il est reconnu qu'ils s'y soient introduits avec de mauvaises intentions.

518. La gendarmerie signale au chef d'état-major les employés d'administration qui ne portent pas habituellement le costume que leur affectent les règlements.

519. Les prévôts délivrent, avec l'approbation des chefs d'état-major, des patentes aux vivandiers des quartiers généraux, et ils visent celles qui ont été délivrées par les conseils d'administration aux cantiniers des régiments.

520. La gendarmerie veille à l'exécution des ordres des généraux concernant les vivandiers et cantiniers qui, indépendamment d'une plaque indiquant leur emploi, et qu'ils portent d'une manière ostensible, sont forcés d'en avoir une à leur voiture indiquant leur nom, le numéro de leur patente et le quartier général ou le régiment auquel ils appartiennent. — Elle exige que les comestibles et les liquides dont ils doivent être pourvus soient de bonne qualité, en quantité suffisante et au moindre prix possible. — Elle fait souvent des perquisitions dans les voitures des marchands, vivandiers et cantiniers, pour empêcher qu'elles servent à transporter d'autres objets que ceux qu'elles doivent contenir. — Elle dresse procès-verbal des infractions qu'elle remarque ; elle en prévient les corps auxquels les délinquants appartiennent, et rend compte, par la voie hiérarchique, aux chefs d'état-major général ou de la division.

521. Les officiers et les sous-officiers de gendarmerie vérifient souvent les poids et mesures ; ils confisquent, conformément aux lois, ceux qui ne sont pas étalonnés ; le grand prévôt inflige aux contrevenants la peine disciplinaire qu'il juge applicable à leur délit ; il les prive pour un temps de leur patente, et il peut, en cas de récidive, les renvoyer de l'armée ; le tout sans préjudice des restitutions auxquelles ils peuvent être obligés, ni des autres châtiments qu'ils peuvent avoir encourus pour fraude.

522. Le grand prévôt et les prévôts peuvent infliger des amendes aux personnes qui suivent l'armée sans permission, aux vivandiers, aux cantiniers et marchands qui se servent de poids et mesures non étalonnés, ou qui contreviennent aux règlements de police de l'armée. — Le produit de ces amendes, dont aucune ne peut excéder 100 fr., est versé dans une caisse publique. L'emploi en est réglé ultérieurement d'une manière officielle et régulière.

523. La gendarmerie arrête comme vagabond tout domestique qui abandonne son maître pendant la campagne. — Elle arrête également les domestiques des officiers et des fonctionnaires de l'armée qui, sur sa réquisition, ne lui présentent pas le congé en règle dont ils doivent être porteurs, et l'attestation signée de leur maître constatant qu'ils sont à son service. Ce congé et cette attestation sont visés, dans les corps, par les colonels ; dans les états-majors et les administrations, ils sont visés par le prévôt.

524. Des prisons destinées à recevoir les militaires de tout grade, les gens sans aveu ou suspects, etc., sont établies dans les quartiers généraux de division par les soins des prévôts. Elles sont sous l'autorité de ces officiers et sous la surveillance des commandants des quartiers.

525. La gendarmerie reconduit à leur corps les militaires qu'elle arrête, à moins que l'inculpation élevée contre eux ne soit de la compétence des conseils de guerre; dans ce dernier cas, les pièces de conviction sont remises au chef d'état-major de la division, qui prend les ordres du général pour faire informer.—Le signalement des déserteurs et des prisonniers évadés est envoyé, dans les vingt-quatre heures au plus tard, au prévôt de la division, lequel prend les ordres nécessaires pour leur arrestation.

526. Les commandants de la gendarmerie, après avoir reçu du chef d'état-major général l'état des officiers et des fonctionnaires de l'armée ayant droit à des voitures ou fourgons, s'assurent, dans les quartiers généraux, que les voitures des officiers généraux, celles des fonctionnaires de l'armée, portent le chiffre de leurs propriétaires ; que leurs fourgons portent leur nom; que les fourgons et les voitures des régiments sont marqués du numéro du régiment ; enfin, que les voitures des marchands, des vivandiers et cantiniers ont une plaque, comme il a été prescrit à l'art. 520.

527. Dans les marches, la gendarmerie suit les colonnes, arrête les pillards et fait rejoindre les traînards ; elle fournit des détachements aux équipages pour y maintenir une police sévère, mais elle n'y sert jamais à titre d'escorte.

528. Des sous-officiers ou brigadiers de gendarmerie peuvent être mis à la disposition des vaguemestres de l'armée pour maintenir l'ordre dans la marche des équipages ; ils s'assurent si les individus qui s'y trouvent ont le droit d'y être, et même d'être à l'armée. — Ils sont autorisés à employer tous les moyens coercitifs envers les cochers, les domestiques et les charretiers qui conduisent mal leurs équipages, maltraitent leurs chevaux ou s'écartent pour boire. — Ceux qui résistent avec violence, qui se livrent au pillage, ou qui, au moment d'une attaque, cherchent à s'enfuir, doivent être conduits devant un conseil de guerre.

529. Tous les officiers, sous-officiers et brigadiers de gendarmerie ont les mêmes droits que les vaguemestres du grand quartier général et de division (à l'égard des équipages dont ils ont la police et la surveillance), pour vérifier si l'on se conforme aux règlements, quant au nombre et à la nature des transports. — Dans les cas urgents, ils arrêtent les voitures non autorisées, et remettent les chevaux à l'artillerie sur reçu. Ils en rendent compte au chef d'état-major.

530. La gendarmerie dresse procès-verbal contre tout officier ou fonctionnaire de l'armée qui a requis, sans autorisation, chevaux ou voitures ; elle est chargée de recevoir les plaintes des propriétaires, tant sur cet objet que sur tout autre, et, au besoin, d'y donner suite.

531. Elle signale les militaires de tout grade qui, à la guerre, sont trouvés chassant, ainsi que les officiers qui, dans les cantonnements, chassent sans la permission du propriétaire et l'autorisation du général commandant sur les lieux.— Les prévôts et autres officiers de gendarmerie sont spécialement chargés d'empêcher les jeux de hasard, qui sont formellement défendus. Les individus qui se livrent à ces jeux sont sévèrement punis ; ceux qui les tiennent, s'ils ne sont pas militaires, sont chassés de l'armée.— La gendarmerie écarte de l'armée les femmes de mauvaise vie.

532. La gendarmerie veille à ce qu'il ne soit pas acheté de chevaux à des personnes inconnues. Ceux qu'on trouve sans maître sont conduits au prévôt ; il les fait rendre si on les réclame ; dans le cas contraire, ils sont remis, d'après l'ordre du chef d'état-major, à l'arme à laquelle ils conviennent. Les chevaux volés ou trouvés sont rendus à leur propriétaire quand il est connu.

533. Le grand prévôt est chargé de la surveillance et de la police générale des sauvegardes, soit qu'elles soient prises dans la gendarmerie de l'armée, soit qu'elles soient tirées des régiments ; ces sauvegardes lui obéissent ainsi qu'aux officiers de gendarmerie. — Ces officiers s'assurent que les sauvegardes suivent exactement les instructions qu'elles ont reçues des généraux ; ils rendent compte des difficultés qu'elles rencontrent dans l'exécution de leur mission et des violences qu'elles peuvent éprouver de la part des habitants.

534. Indépendamment des rapports que les prévôts doivent au grand prévôt sur tous les objets de leur service, ils en font journellement un aux généraux commandant le corps de troupe auquel ils sont attachés ; ils les informent surtout des ordres du commandant en chef, en ce qui concerne la police. — Ils reçoivent des ordres des généraux et chefs d'état-major pour leur service journalier ; ils leur rendent compte de leur exécution ; dans une brigade détachée, le commandant de la gendarmerie remplit les mêmes devoirs envers le général de brigade.

535. Le grand prévôt transmet, en y joignant ses propres instructions, les ordres qu'il reçoit du commandant en chef, ou du chef d'état-major général, aux prévôts et aux officiers de gendarmerie répartis dans les divisions ; les uns et les autres sont tenus de les exécuter et d'en informer le chef d'état-major de la division. — Le grand prévôt rend compte chaque jour au commandant en chef et prend ses ordres. Tous les huit jours, et plus souvent s'il y a lieu, il présente un rapport général sur son service au chef de l'état-major général, qui le soumet au général en chef.

536. Indépendamment du service qu'elle est appelée à faire aux armées, comme force publique, la gendarmerie peut être organisée en bataillons, escadrons, régiments ou légions, pour faire partie des brigades de l'armée active tant à l'intérieur qu'à l'extérieur.

TITRE V. — Ordre intérieur, police et discipline des corps et compagnies de gendarmerie.

CHAPITRE Iᵉʳ. — Ordre et discipline.

Section 1ʳᵉ. — *Ordre intérieur.*

537. Les officiers de tout grade de la gendarmerie ne peuvent se marier sans en avoir obtenu préalablement l'autorisation du ministre de la guerre.

538. Toute demande d'un officier de gendarmerie tendante à obtenir l'autorisation de se marier, doit être transmise au ministre avec les pièces à l'appui par le chef de légion, qui font connaître son avis motivé sur la moralité de la personne que l'officier se propose d'épouser, sur la constitution de la dot, et sur la convenance de l'union projetée. — Si la future n'habite pas dans la circonscription de la légion, le colonel prend ces renseignements près du chef de la légion où elle réside. — Les conditions de dot sont les mêmes que celles qui sont exigées pour les officiers de l'armée.

539. Les sous-officiers, brigadiers et gendarmes ne peuvent également se marier sans en avoir obtenu la permission du conseil d'administration de la compagnie à laquelle ils appartiennent, approuvée par le chef de légion. Indépendamment des garanties de moralité exigées en pareil cas, le conseil d'administration doit s'assurer que la future possède des ressources suffisantes pour ne pas être à la charge du militaire qui désire l'épouser. — Dans le cas où le conseil d'administration croit devoir refuser son consentement, il est tenu de faire connaître les motifs de son refus au chef de légion ou de corps, qui en réfère au ministre. — Si le chef de légion ou de corps refuse son approbation, il est tenu d'en rendre compte au ministre.

540. Les sous-officiers, brigadiers et gendarmes logent dans les casernes ou maisons qui en tiennent lieu; ils ne peuvent découcher que pour objet de service. A moins que les circonstances n'exigent l'emploi de la brigade tout entière, il y a toujours un gendarme de garde à la caserne.

541. Les femmes et les enfants des sous-officiers, brigadiers et gendarmes peuvent habiter les casernes; ils doivent y tenir une conduite régulière, sous peine d'en être renvoyés d'après les ordres du chef de la légion. — Un père infirme, une mère ou une sœur peuvent y être admis exceptionnellement, avec l'autorisation du chef de la légion.

542. Aucun sous-officier, brigadier ou gendarme ne peut faire commerce, tenir cabaret, ni exercer aucun métier ou profession; les femmes ne peuvent également, dans la résidence de leur mari, tenir cabaret, billard, café ou tabagie, ni faire aucun commerce apparent dans l'intérieur de la caserne.

543. Hors le cas de service, les maréchaux des logis, brigadiers et gendarmes, sont tenus de rentrer à la caserne à neuf heures du soir en hiver et à onze heures en été.

544. Les gendarmes ne peuvent s'absenter de la caserne sans en prévenir le commandant de la brigade, et sans lui dire où ils vont, afin qu'on puisse les trouver au besoin; il leur est enjoint d'être constamment dans une bonne tenue militaire.

545. Les officiers doivent tenir sévèrement la main à ce que les sous-officiers, brigadiers et gendarmes sous leurs ordres ne se livrent point à des dépenses qui les mettraient dans le cas de contracter des dettes; celles qui ont pour objet leur subsistance ou des fournitures relatives au service sont payées au moyen d'une retenue, ordonnée par les chefs de légion, et donnent lieu, en outre, à des punitions disciplinaires.

546. Les officiers de gendarmerie qui contractent des dettes sont sévèrement punis; il est fait mention de leur inconduite, sous ce rapport, au registre du personnel. — Le chef de légion, sur le compte qui lui en est rendu par le commandant de la compagnie, donne des ordres pour que le paiement soit fait dans le plus bref délai possible, et provoque, au besoin, une retenue sur la solde des officiers.

547. L'habitude de s'enivrer, quand bien même elle n'est pas accompagnée de circonstances aggravantes, suffit pour motiver l'exclusion du corps de la gendarmerie; en conséquence, cette exclusion peut être prononcée contre tout sous-officier, brigadier et gendarme qui, en peu d'années, a subi trois punitions pour cause d'ivrognerie.

Sect. II. — *Instruction spéciale et militaire.*

548. L'instruction spéciale des officiers de gendarmerie doit embrasser tout ce

que renferme le présent décret, ainsi que les dispositions réglementaires dont la connaissance leur est indispensable pour se bien pénétrer de leurs obligations personnelles et se mettre en état d'exercer régulièrement leurs fonctions, soit comme commandants de la force publique, soit comme officiers de police judiciaire.

549. L'instruction théorique des sous-officiers et brigadiers doit comprendre particulièrement les titres III, IV et V du même décret, et spécialement la connaissance approfondie des fonctions qu'ils sont journellement appelés à remplir, soit comme chefs de brigade, soit comme commandants de la force publique.

550. L'instruction spéciale des gendarmes doit avoir pour objet l'exposé sommaire des devoirs imposés aux militaires de l'arme par le titre IV du même décret, et notamment la connaissance du service ordinaire et extraordinaire des brigades. Il est fréquemment donné lecture à chaque brigade assemblée des prescriptions du présent décret, concernant la discipline de l'arme, les règles particulières qui la régissent, et les dispositions générales qui sont d'une application journalière dans l'exécution du service.

551. Les officiers de tout grade et les commandants de brigade ne doivent négliger aucun moyen de fortifier et d'entretenir l'instruction militaire de l'arme. A cet effet, les chefs de légion donnent des ordres pour que, deux fois par mois, pendant la saison d'été, et lorsque les exigences du service ne s'y opposent point, des réunions de plusieurs brigades aient lieu sur des points intermédiaires, où elles sont exercées à cheval sous les ordres des commandants d'arrondissement.— Les commandants de compagnie doivent déterminer les points de réunion de manière à ce que les brigades n'aient pas, autant que possible, plus de 10 kilom. à parcourir pour se rendre sur le terrain d'exercice. — Ces réunions de brigade ne doivent, sous aucun prétexte, motiver la suspension ou l'interruption du service habituel. — Les brigades à pied sont toujours exercées dans leur résidence. —.

Tout commandant de compagnie ou d'arrondissement doit pouvoir commander l'école d'escadron, et tout sous-officier ou brigadier, l'école de peloton.

552. Chaque année, à l'époque des inspections générales, des gratifications sont accordées, dans chaque compagnie, par le ministre de la guerre, aux sous-officiers, brigadiers et gendarmes qui ont le plus contribué aux progrès des diverses parties de l'instruction spéciale et militaire.

SECT. III. — *Fautes contre la discipline et droit de punir.*

553. Sont réputés fautes contre la discipline ,

De la part des supérieurs : — Tout propos injurieux ou humiliant envers un subordonné ; toute punition injustement infligée et tout abus d'autorité à son égard; — Toute négligence de leur part à punir les fautes de leurs subordonnés et à rendre compte à leurs chefs.

De la part de l'inférieur : — Tout défaut d'obéissance, tant qu'il n'a pas le caractère d'un délit ; tout murmure, mauvais propos, signe de mécontentement envers des supérieurs ; tout manquement au respect qui leur est dû ; toute violation des punitions de discipline ; tout dérèglement de conduite ; la passion du jeu et l'habitude de contracter des dettes ; les querelles, soit entre les hommes de la gendarmerie, soit avec d'autres militaires, soit avec des habitants des villes et des campagnes ; — L'ivresse, lors même qu'elle ne trouble point l'ordre public ou militaire ; le manquement aux appels et toute absence non autorisée , toute contravention aux règlements sur la police, la discipline et sur les différentes parties du service ; — Enfin , tout ce qui, dans la conduite ou dans la vie habituelle du militaire, s'écarte de la règle, de l'ordre, de l'esprit d'obéissance et de la déférence que le subordonné doit à ses chefs. — Les fautes deviennent plus graves quand elles se réitèrent, et surtout quand elles ont lieu pendant la durée du service , ou lorsqu'il s'y joint quelque circonstance qui peut porter atteinte à l'honneur ou entraîner du désordre.

554. Les officiers, sous-officiers, brigadiers et gendarmes sont soumis, chacun en ce qui le concerne, aux règlements de discipline militaire et aux peines que les supérieurs sont autorisés à infliger à leurs inférieurs pour les fautes et négligences dans le service.

555. En ce qui concerne le service et l'ordre public , tout officier, sous-officier, brigadier ou gendarme peut être puni par un militaire de l'arme du grade supérieur au sien, ou qui en exerce temporairement les fonctions.

556. Les chefs de légion de gendarmerie peuvent, d'après le compte qui leur est rendu, restreindre ou augmenter les punitions prononcées par les officiers et chefs de brigade sous leurs ordres, sans s'écarter, dans aucun cas, des règles qui sont prescrites ci-après, pour la nature et la durée des punitions. — Ils peuvent en changer la nature et même les faire cesser ; dans ce cas, ils font apprécier, à celui qui a puni, l'erreur qu'il a commise, et le chargent de lever la punition. Ils le punissent lui-même, s'ils reconnaissent qu'il y ait eu de sa part abus d'autorité.

557. Les punitions infligées par leurs chefs aux militaires de la gendarmerie,

devant être examinées chaque année par les inspecteurs généraux de l'arme, et pouvant motiver, de leur part, une répression nouvelle, sont inscrites sur les registres à ce destinés, avec des détails suffisants pour faire apprécier la nature et la gravité des fautes qui les ont provoquées.

SECT. IV. — *Punitions des officiers.*

558. Les punitions disciplinaires sont, pour les officiers de gendarmerie, — Les arrêts simples, — La réprimande du chef de légion, — Les arrêts de rigueur, — La prison. — La réprimande a lieu en présence d'un ou de plusieurs officiers du grade supérieur ou du même grade, réunis à cet effet. — La durée des arrêts simples, des arrêts de rigueur et de la prison ne peut excéder quinze jours ; cette dernière punition est toujours mise à l'ordre de la légion. — Les arrêts simples peuvent être ordonnés à chaque officier par son supérieur en grade ou par celui qui en exerce l'autorité. Ils n'exemptent d'aucun service. — Les arrêts de rigueur et la prison ne sont ordonnés que par le chef de légion. Ces punitions suspendent tout service.

559. Dans les chefs-lieux de légion, l'épée d'un officier supérieur aux arrêts de rigueur ou en prison est portée chez le chef de légion par le capitaine commandant de l'arrondissement du chef-lieu, et celle d'un officier inférieur, par l'adjudant. — Dans les chefs-lieux de compagnie, l'épée de l'officier aux arrêts de rigueur ou en prison est portée chez le commandant de la compagnie par le maréchal des logis chef.—Elle lui est renvoyée par la même voie à l'expiration de sa punition.

560. Les arrêts simples et de rigueur peuvent être ordonnés de vive voix ou par un billet cacheté qui indique le jour de l'expiration des arrêts. Dans un chef-lieu de légion, ce billet est porté par le capitaine commandant l'arrondissement aux officiers supérieurs, et par l'adjudant aux autres officiers. Dans les chefs-lieux de compagnie, il est porté par le maréchal des logis chef. — Les arrêts sont mis à l'ordre de la légion, lorsque l'intérêt de la discipline l'exige.

561. Lorsqu'un intendant, ou sous intendant militaire, pour des faits particuliers à l'administration, a sujet de se plaindre des officiers ou sous-officiers comptables, il en informe le chef de la légion, et, s'il y a lieu, demande une punition. — Cet officier supérieur ne peut refuser de l'infliger que par des considérations majeures dont il rend compte immédiatement au ministre de la guerre, et il avise le fonctionnaire qui a demandé la punition, de la détermination qu'il a cru devoir prendre. — Ces dispositions sont applicables au major de la garde de Paris.

562. Tout officier, lors même qu'il se croit injustement puni, doit d'abord se soumettre à la punition disciplinaire prononcée contre lui ; mais il peut, après avoir obéi, faire des réclamations auprès de l'officier immédiatement supérieur à celui qui a puni. — Les punitions contre lesquelles on a réclamé sans de justes motifs peuvent être augmentées par les chefs de légion.

563. Il est rendu compte hiérarchiquement aux chefs de légion, par les rapports journaliers, de toutes les punitions infligées aux officiers, de leurs motifs et des réclamations auxquelles elles ont pu donner lieu. De leur côté, les chefs de légion rendent compte directement et immédiatement au ministre de toutes les punitions d'arrêts de rigueur et de prison qu'ils ont été dans le cas d'infliger. — Ce rapport ne les dispense pas de celui qu'ils doivent adresser sans délai aux généraux commandant les divisions militaires, dans les cas prévus par l'art. 132 du présent décret.

SECT. V. — *Punitions des sous-officiers, brigadiers et gendarmes.*

564. Les punitions de discipline à infliger aux sous-officiers, brigadiers et gendarmes, sont : — La consigne à la caserne ; la salle de police ; — La prison du corps ou de la place. — Ces punitions ne peuvent être infligées pour plus de quinze jours.

565. Les punitions sont infligées de la manière suivante : — Par les sous-officiers et brigadiers, huit jours de consigne et quatre jours de salle de police ; — Par les commandants d'arrondissement, — Dix jours de consigne, huit jours de salle de police et quatre jours de prison ; — Par les commandants de compagnie, — Quinze jours de consigne, quinze jours de salle de police et huit jours de prison. — Le chef de légion peut ordonner jusqu'à quinze jours de salle de police et quinze jours de prison. — Dans les corps de gendarmerie ayant une organisation régimentaire, les punitions infligées par les sous-officiers et brigadiers sont les mêmes que celles déterminées par l'ordonnance du 2 novembre 1833 sur le service intérieur des corps.

566. Cependant, si un sous-officier, brigadier ou gendarme commet contre la discipline une faute de nature à mériter une plus forte punition, les chefs de légion sont autorisés à prolonger la peine de la prison jusqu'à ce que le ministre de la guerre ait prononcé. Ils sont tenus de lui adresser leur rapport à cet effet,

dans les trois jours à compter de celui où ils ont cru devoir prolonger la durée de cette peine. — Les punitions de salle de police et de prison, pour les commandants de brigade, sont toujours subies au chef-lieu de l'arrondissement ou de la compagnie. — Les punitions à infliger aux maréchaux des logis adjoints au trésorier sont prononcées, pour ce qui concerne leur service spécial, par l'officier qui en a la direction, ou par le commandant de la compagnie ; pour tout autre objet, elles le sont par tout supérieur en grade.

567. Les sous-officiers, brigadiers et gendarmes consignés ne sont dispensés d'aucun service ; les sous-officiers, brigadiers et gendarmes punis de salle de police ou de prison ne font aucun service.

568. Les commandants de compagnie peuvent augmenter les punitions infligées par leurs inférieurs dans les limites déterminées par l'art. 565 ci-dessus : lorsqu'il y a lieu de diminuer une punition, ils en font la demande au chef de légion par la voie du rapport journalier. — Le chef de légion seul peut ordonner que les sous-officiers, brigadiers et gendarmes, punis de la prison, subissent leur peine à la prison de la place. Il rend compte immédiatement au général commandant la division des mesures qu'il a cru devoir prescrire à cet égard, conformément à l'art. 132 du présent décret.

569. Les dispositions de l'art. 562 ci-dessus sont applicables aux réclamations que les sous-officiers, brigadiers et gendarmes peuvent élever contre les punitions qui leur ont été infligées par leurs supérieurs. — Ces réclamations sont transmises au chef de légion par la voie hiérarchique, avec l'avis des commandants de compagnie.

SECT. VI. — *Suspension, rétrogradation et cassation des sous-officiers et brigadiers.*

570. Les adjudants, maréchaux des logis chefs et maréchaux des logis adjoints aux trésoriers, maréchaux des logis et brigadiers commandants de brigade, peuvent être suspendus de leurs fonctions pendant un temps qui n'excède pas deux mois. Les premiers sont astreints, pendant ce temps, au service du grade inférieur ; les commandants de brigade sont appelés au chef-lieu de l'arrondissement ou de la compagnie, à la disposition des officiers commandants.

571. Les suspensions sont prononcées par le ministre de la guerre, sur la proposition du chef de légion. — Elles peuvent l'être, sur la demande des chefs de légion, par les inspecteurs généraux, pendant le cours de leurs opérations, à la charge d'en rendre compte immédiatement au ministre. — Dans l'un et l'autre cas, les rapports adressés au ministre doivent être appuyés de la plainte du commandant de l'arrondissement et de l'avis motivé du commandant de la compagnie. — Si la plainte concerne un adjoint au trésorier, pour des faits relatifs à ses fonctions spéciales, le rapport est rédigé par le trésorier et transmis au chef de légion par le commandant de la compagnie, avec l'avis motivé du sous-intendant militaire. — La suspension est mise à l'ordre du jour de la légion.

572. Les commandants de brigade suspendus de leurs fonctions sont remplacés temporairement dans le commandement de leur brigade comme le détermine l'article 236 ci-dessus. — Les adjudants et les maréchaux des logis chefs sont remplacés conformément au principe posé par le même article. — Les maréchaux des logis adjoints au trésorier sont remplacés par un brigadier, ou, à défaut, par un gendarme délégué par le commandant de la compagnie.

573. La rétrogradation s'applique ainsi qu'il suit : — Les adjudants descendent au grade de maréchal des logis chef ; — Les maréchaux des logis chefs, au grade de maréchal des logis ; — Les maréchaux des logis adjoints au trésorier, à celui de brigadier ; ils conservent leurs fonctions spéciales. — Les maréchaux des logis commandants de brigade descendent à l'emploi de brigadier, pour être envoyés dans une résidence affectée à ce grade. — La plainte doit être formulée comme pour la suspension, et appuyée des mêmes pièces. — La rétrogradation ne peut être prononcée que par le ministre ; elle est mise à l'ordre de la légion.

574. La cassation d'un sous-officier ou brigadier de gendarmerie ne peut être prononcée que par le ministre, soit sur la proposition de l'inspecteur général, soit, dans l'intervalle des inspections, sur celle du chef de la légion. — Toute proposition de cette nature doit être accompagnée des mêmes pièces que pour la suspension et la rétrogradation, et, en outre, d'un relevé des punitions, d'un extrait du compte ouvert, et d'un état de service du sous-officier ou brigadier. — Le sous-officier ou le brigadier de gendarmerie cassé de son grade, est envoyé comme simple gendarme dans une compagnie de la légion autre que celle à laquelle il appartenait. — La cassation est mise à l'ordre de la légion.

575. Pour les corps de gendarmerie ayant une organisation régimentaire, les suspensions, rétrogradations et cassations s'effectuent comme dans les corps de troupe, sauf toutefois que ces peines ne peuvent être prononcées que par le ministre.

SECT. VII. — *Crimes et délits commis par la gendarmerie.*

576. Les officiers, sous-officiers et gendarmes sont justiciables des tribunaux ordinaires et des cours d'assises, pour les délits et les crimes commis hors de leurs fonctions ou dans l'exercice de leurs fonctions relatives au services de police administrative et judiciaire dont ils sont chargés, et des tribunaux militaires, pour les délits et les crimes relatifs au service et à la discipline militaire. — Les militaires de tout grade de la gendarmerie sont réputés être dans l'exercice de leurs fonctions lorsqu'ils sont revêtus de leur uniforme.

577. Si l'officier, sous-officier, brigadier ou gendarme est accusé tout à la fois d'un délit ou crime militaire, et de tout autre délit ou crime de la compétence des tribunaux ordinaires et des cours d'assises, la connaissance en appartient à ces tribunaux ou cours d'assises. Dans ce cas, les peines portées au Code pénal militaire peuvent être appliquées aux officiers, sous-officiers, brigadiers et gendarmes, qui, pour raison de délit ou crime militaire, ont encouru une peine plus forte que celle prévue pour tout autre délit ou crime.

578. Les militaires de la gendarmerie qui n'ont pas rejoint leur poste dans les dix jours qui suivent l'expiration de leurs congés ou permissions, et ceux qui, ayant quitté leur poste sans autorisation, ne l'auront pas rejoint dans les deux jours de leur disparition, sont réputés déserteurs et poursuivis comme tels, lors même qu'ils ont accompli le temps de service voulu par la loi de recrutement.

CHAPITRE II. — CONSEILS D'ENQUÊTE ET DE DISCIPLINE.

SECTION Ire.—*Conseils d'enquête pour les officiers.*

579. Les officiers de gendarmerie, pouvant être envoyés, comme les autres officiers de l'armée, devant un conseil d'enquête, sont toujours appelés devant un conseil d'enquête de division. — Deux membres de ce conseil sont toujours des officiers de gendarmerie du même grade, et plus anciens que l'officier qui est l'objet de l'enquête.

580. Les causes qui, par mesure de discipline, peuvent amener un officier devant un conseil d'enquête, et qui sont spécifiées par la loi du 19 mai 1834, sont : — L'inconduite habituelle ; — Les fautes graves dans le service ou contre la discipline ; — Les fautes contre l'honneur ; — La condamnation à un emprisonnement de plus de six mois.

581. Les formes de l'enquête sont réglées par l'ordonnance du 21 mai 1836.

SECT. II. — *Conseil de discipline pour les gendarmes.*

582. Tout militaire de la gendarmerie encore lié au service, et qui, sans avoir commis de délits justiciables des conseils de guerre, porte habituellement le trouble et le mauvais exemple dans sa brigade par des fautes et contraventions pour lesquelles les peines de simple discipline sont insuffisantes, peut être envoyé, d'après l'avis d'un conseil convoqué à cet effet, et sur l'ordre du ministre de la guerre, dans une compagnie de discipline.

583. Dans la gendarmerie des départements, le conseil de discipline de chaque compagnie ne peut être convoqué que par le chef de légion. — Il est composé ainsi qu'il suit :

Le chef d'escadron, commandant, président ;
Le capitaine commandant l'arrondissement du chef-lieu,
Le trésorier ayant voix délibérative,
} à défaut, les plus anciens officiers du grade correspondant.

Deux sous-officiers,
Deux brigadiers,
} pris parmi les plus anciens de la compagnie.

584. Lorsqu'un commandant d'arrondissement juge qu'un gendarme se trouve dans le cas prévu par l'article 582 ci-dessus, il en fait son rapport par écrit au commandant de la compagnie, en précisant les fautes et les contraventions du militaire signalé, les punitions qui lui ont été infligées, et les récidives qui donnent à sa conduite un caractère de persévérance dangereux pour l'ordre, et nuisible à la considération morale de l'arme. — Cet officier ne peut, en conséquence, faire partie du conseil qui a à statuer sur sa plainte, et il doit être remplacé par un officier du même grade, s'il y est appelé par son ancienneté.

585. Ce rapport, accompagné de l'état signalétique des services du militaire et du relevé de ses punitions, est visé par le chef d'escadron et transmis au chef de légion qui, s'il le juge à propos, convoque le conseil de discipline de la compagnie. Si le fait se passe au moment où l'inspecteur général est présent dans la légion, il doit lui en être rendu compte.

586. Le commandant d'arrondissement qui rédige la plainte est entendu devant le conseil assemblé ; et, lorsqu'il s'est retiré, l'inculpé est appelé à son tour et entendu dans ses défenses. Le conseil rédige ensuite, hors de la présence de l'inculpé, un avis motivé qu'il adresse au chef de légion, en y joignant la plainte du

commandant de l'arrondissement, l'ordre de convocation du conseil, l'état signalétique de l'inculpé, le relevé de ses punitions, et l'extrait de son compte ouvert.

587. Si l'avis du conseil est défavorable à l'inculpé, le chef de légion l'adresse sans retard, avec son opinion et les pièces à l'appui, au général commandant la division militaire, qui le transmet immédiatement, avec ses observations et son avis particulier, au ministre de la guerre. — Lorsque l'inspecteur général est présent dans la légion, c'est à lui qu'il appartient de recevoir et de transmettre au ministre l'avis du conseil avec le dossier à l'appui. — Le militaire inculpé attend dans la prison de la place la décision à intervenir à son égard.

588. Les dispositions réglementaires sur la formation et le mode de procéder des conseils de discipline dans les corps de troupes de toutes armes sont applicables à la garde de Paris, aux bataillons de gendarmerie d'élite et aux forces publiques détachées aux armées ; mais, en conformité de l'article 584 ci-dessus, la plainte à dresser contre le militaire inculpé doit toujours être rédigée par le commandant de la compagnie ou du détachement pour être transmise hiérarchiquement au chef de corps, qui seul peut ordonner la réunion d'un conseil de discipline. — Si l'avis du conseil est défavorable à l'inculpé, le chef de corps l'adresse, par l'intermédiaire du général de brigade, au général de division, qui le transmet au ministre, seul appelé à prononcer.

TITRE VI. — REMONTES.

CHAPITRE UNIQUE. — REMONTE DES OFFICIERS, SOUS-OFFICIERS ET GENDARMES.

SECTION Ire. — *Remonte des officiers.*

589. Les officiers de gendarmerie, à l'exception des trésoriers, dont le service est purement sédentaire, doivent être constamment pourvus du nombre de chevaux fixé, pour chaque grade, par les tarifs de solde et accessoires.

590. Aucun cheval ne peut être admis, s'il n'est d'origine française dûment constatée, de l'âge de quatre ans au moins et de huit ans au plus, et de la taille d'un mètre cinquante-deux centimètres à un mètre soixante centimètres. — L'origine est constatée par un certificat délivré, en double expédition, par le maire de la localité, sur les déclarations de deux propriétaires ou cultivateurs, s'occupant de l'élève des chevaux, mais n'en faisant pas le commerce. — Tout cheval entier est rigoureusement exclu. — La durée légale des chevaux d'officiers est fixée à sept années.

591. Les officiers supérieurs sont autorisés, sur la demande qu'ils adressent au ministre par la voie hiérarchique, à prendre, à titre onéreux, des chevaux choisis, soit dans les corps de cavalerie, parmi les chevaux d'officiers disponibles, sous la réserve du consentement du chef de corps, soit dans les dépôts de remonte. — Tout officier supérieur qui, dans le délai d'un mois, n'a pas pourvu au remplacement d'un cheval, ou n'a pas formé une demande pour être remonté, subit, sur sa solde, une retenue d'un franc par jour.

592. Les capitaines, les lieutenants et sous-lieutenants de gendarmerie, les médecins-majors et les aides-majors qui doivent être pourvus d'un cheval, ainsi que les vétérinaires attachés aux corps de gendarmerie, sont montés au compte de l'Etat. — Ces officiers sont admis, avec l'assentiment des chefs de corps, à exercer leur choix parmi les chevaux disponibles des corps de cavalerie à proximité de leur résidence. — Ils ont aussi la faculté, soit de se rendre dans les dépôts de remonte pour y choisir leur monture, soit de demander qu'elle leur soit envoyée de ces établissements à leur résidence.

593. Les sous-officiers de gendarmerie nommés sous-lieutenants sont remboursés, à prix d'estimation, de la valeur de leurs chevaux, pourvu que ces chevaux aient été reconnus d'origine française, et susceptibles de servir de monture d'officier. — Ils peuvent, toutefois, disposer de leurs chevaux, sauf à être montés d'après les dispositions de l'article précédent.

594. Le cheval choisi dans les régiments ou dans les dépôts, ou dont la valeur a été remboursée à son cavalier, est immédiatement immatriculé sur le contrôle des chevaux d'officier appartenant à l'Etat. — Après sept années de possession continue, il devient la propriété de celui au nom de qui il a été inscrit ; l'officier ne peut néanmoins disposer de son cheval qu'après en avoir obtenu le remplacement.

595. Les échanges de chevaux entre les officiers montés au compte de l'Etat, sont autorisés par le ministre de la guerre, sur la proposition des chefs de légion, transmise par les généraux commandant les divisions territoriales. — Les chevaux remis aux officiers ne sont réformés que par une décision ministérielle prise sur l'avis de l'inspecteur général, et, en cas d'urgence, du général commandant la division. — Aussitôt après leur remplacement, ces chevaux sont remis au domaine.

596. L'Etat supplée à la perte d'un cheval qu'il a fourni, lorsqu'elle ne peut être imputée à l'officier ; dans le cas contraire, ce dernier est tenu de concourir aux frais de remplacement pour une somme équivalente à autant de septièmes du prix de la remonte qu'il reste d'années à parcourir pour arriver au terme de la durée légale du cheval. Il subit, à cet effet, des retenues mensuelles dont la quotité est fixée par le ministre.

597. Les officiers qui changent de résidence emmènent leurs chevaux ; cette disposition n'est pas applicable à ceux qui se rendent de l'intérieur en Afrique ou en Corse, et *vice versâ*. — Les chevaux que ces dernières mutations laissent disponibles sont remis aux officiers à remonter ; en cas d'impossibilité, ils sont cédés, à prix d'estimation, à des sous-officiers, brigadiers ou gendarmes démontés, ou, enfin, utilisés pour la remonte des corps de cavalerie.

598. Les officiers qui passent d'un corps de troupes à cheval dans la gendarmerie sont autorisés à y emmener leur monture et à y compléter les sept années de service nécessaires pour en obtenir la propriété.

599. Il est formellement interdit à tout officier de prêter ou d'atteler, pour quelque usage que ce soit, le cheval dont il est pourvu au compte de l'Etat.

SECT. II. — *Remonte des sous-officiers, brigadiers et gendarmes.*

600. Tout militaire admis dans la gendarmerie à cheval, et tout sous-officier, brigadier ou gendarme démonté, est tenu de se pourvoir à ses frais, dans le délai d'un mois, d'un cheval d'origine française et réunissant les conditions fixées par l'article 590.

601. Les chevaux sont reçus par le conseil d'administration, assisté d'un vétérinaire civil ou militaire. Aussitôt après leur réception, ils sont signalés sur les contrôles de la compagnie, et les fourrages leur sont fournis par les magasins des brigades.

602. Lorsqu'un sous-officier, brigadier ou gendarme n'a pas trouvé à se remonter dans le délai d'un mois, ou lorsqu'il a renoncé à jouir de ce délai, il est remonté d'office au dépôt affecté à sa compagnie.

603. Un officier de gendarmerie de la résidence du dépôt, ou, à défaut, d'une résidence voisine, est spécialement désigné par le ministre pour procéder à la réception des chevaux destinés à la gendarmerie. Ces derniers sont choisis, sous la direction du commandant de l'établissement, sur la totalité des chevaux disponibles réunissant les conditions fixées par l'article 590. — Les sous-officiers, brigadiers et gendarmes exercent librement leur choix, d'après leur grade ou leur ancienneté ; ils sont informés de la valeur des chevaux, qui sont, d'ailleurs, livrés par le dépôt au prix d'acquisition.

604. Lorsque la résidence n'est pas éloignée de plus de soixante kilomètres de l'établissement de remonte, chaque sous-officier, brigadier ou gendarme emmène son cheval aussitôt après l'avoir reçu. — Si la distance est de plus de soixante kilomètres, le commandant du dépôt, sur la demande qui lui en est faite, se charge de faire conduire le cheval à destination, en se conformant aux prescriptions du règlement du 20 mars 1837.

605. Les dispositions qui précèdent ne sont pas applicables à la dix-septième légion de gendarmerie (Corse).

606. Les sous-officiers, brigadiers et cavaliers des corps de troupe passant dans la gendarmerie peuvent y emmener, en en payant la valeur au prix d'estimation, le cheval immatriculé à leur nom au moment de leur admission, ou tout autre cheval disponible dans le corps, qui est reconnu plus convenable que ce dernier au service spécial de la gendarmerie. — Une commission, composée du chef du corps auquel appartenait le cavalier, de l'officier commandant la gendarmerie de la localité et d'un vétérinaire militaire, procède, en pareil cas, à l'estimation du cheval.

607. Au moment de leur arrivée au chef-lieu de la compagnie, les chevaux provenant des dépôts ou des corps de cavalerie sont examinés et immatriculés par les soins du conseil d'administration de la compagnie.

608. Dans l'intervalle des inspections, aucun sous-officier, brigadier ou gendarme ne peut vendre ni échanger son cheval. — Cependant, si d'importantes considérations de service nécessitent la prompte réforme d'un cheval, le chef de légion, sur la demande du commandant de l'arrondissement, et d'après l'avis du commandant de la compagnie, peut en autoriser l'échange ou la vente ; mais, à la prochaine revue, il en est rendu compte à l'inspecteur général, qui vérifie l'exactitude des motifs d'urgence, et, s'il y a abus, il en fait un rapport spécial au ministre de la guerre.

609. Les chevaux réformés sont, autant que possible, maintenus au service jusqu'au moment de leur remplacement.

610. Il est expressément défendu aux sous-officiers, brigadiers et gendarmes, de prêter leurs chevaux ou de les employer à tout autre usage que pour le service ; ceux qui contreviennent à cette défense sont passibles de peines disciplinaires.

611. Les sous-officiers, brigadiers et gendarmes ne peuvent, en quittant l'arme, disposer de leurs chevaux qu'avec l'agrément du conseil d'administration de la compagnie, qui est également juge de l'opportunité de conserver les chevaux des militaires décédés. — Ces chevaux sont reçus jusqu'à l'âge de douze ans, s'ils sont reconnus propres à faire encore quatre ans de bon service.

612. Si une jument devient pleine, le commandant de l'arrondissement est tenu d'en rendre compte au conseil d'administration, qui procède immédiatement à sa vente et à son remboursement. — S'il s'agit d'une jument provenant d'un dépôt de remonte et si l'état de gestation remonte à une époque antérieure à la livraison, le chef de légion propose immédiatement au ministre de faire remplacer cette monture par le dépôt qui l'a livrée.

TITRE VII. — DEVOIRS GÉNÉRAUX ET DROITS DE LA GENDARMERIE DANS L'EXÉCUTION DU SERVICE.

CHAPITRE UNIQUE.

613. Une des principales obligations de la gendarmerie étant de veiller à la sûreté individuelle, elle doit assistance à toute personne qui réclame son secours. Dans un moment de danger, tout militaire du corps de la gendarmerie qui ne satisfait pas à cette obligation, lorsqu'il en a la possibilité, se constitue en état de prévarication dans l'exercice de ses fonctions.

614. Tout acte de la gendarmerie qui trouble les citoyens dans l'exercice de leur liberté individuelle est un abus de pouvoir : les officiers, sous-officiers, brigadiers et gendarmes qui s'en rendent coupables encourent une peine disciplinaire, indépendamment des poursuites judiciaires qui peuvent être exercées contre eux.

615. Hors le cas de flagrant délit déterminé par les lois, la gendarmerie ne peut arrêter aucun individu, si ce n'est en vertu d'un ordre ou d'un mandat décerné par l'autorité compétente : tout officier, sous-officier, brigadier ou gendarme qui, en contravention à cette disposition, donne, signe, exécute ou fait exécuter l'ordre d'arrêter un individu, ou l'arrête effectivement, est puni comme coupable de détention arbitraire.

616. Est puni de même tout militaire du corps de la gendarmerie qui, même dans le cas d'arrestation pour flagrant délit, ou dans tous les autres cas autorisés par les lois, conduit ou retient un individu dans un lieu de détention non légalement et publiquement désigné par l'autorité administrative pour servir de maison d'arrêt, de justice ou de prison.

617. Tout individu arrêté en flagrant délit par la gendarmerie, dans les cas déterminés par le présent décret, et contre lequel il n'est point intervenu de mandat d'arrêt ou un jugement de condamnation à des peines, en matière correctionnelle ou criminelle, est conduit à l'instant même devant l'officier de police ; il ne peut être transféré ensuite dans une maison d'arrêt ou de justice qu'en vertu du mandat délivré par l'officier de police.

618. Dans le cas seulement où, par l'effet de l'absence de l'officier de police, le prévenu arrêté en flagrant délit ne peut être entendu immédiatement après l'arrestation, il est déposé dans l'une des salles de la mairie, où il est gardé à vue, ou dans la chambre de sûreté de la caserne, jusqu'à ce qu'il puisse être conduit devant l'officier de police ; mais, sous aucun prétexte, cette conduite ne peut être différée au-delà de vingt-quatre heures. — L'officier, sous-officier, brigadier ou gendarme qui a retenu plus longtemps le prévenu, sans le faire comparaître devant l'officier de police, est poursuivi comme coupable de détention arbitraire.

619. Lorsque la gendarmerie a un mandat à notifier, et que l'individu qui en fait l'objet a quitté l'arrondissement, elle doit se renseigner sur le lieu de sa retraite ; et, dans le cas où elle parvient à le découvrir ou à recueillir des indices qui puissent mettre la justice sur ses traces, elle doit en faire mention dans le procès-verbal de recherches infructueuses qu'elle rédige en pareil cas : elle adresse ce procès-verbal, en y joignant le mandat, au procureur impérial, qui demeure chargé des opérations ultérieures et de transmettre les renseignements, ainsi que le mandat, au procureur impérial de l'arrondissement où l'individu est présumé s'être retiré.

620. La force publique ne peut être requise par les autorités civiles que dans l'étendue de leur territoire : elle ne peut non plus se transporter dans un autre arrondissement sans ordres spéciaux.

621. Si la gendarmerie est attaquée dans l'exercice de ses fonctions, elle requiert, de par la loi, l'assistance des citoyens présents, à l'effet de lui prêter main-forte, tant pour repousser les attaques dirigées contre elles que pour assurer l'exécution des réquisitions et ordres dont elle est chargée.

622. Les militaires du corps de la gendarmerie qui refusent d'obtempérer aux réquisitions légales de l'autorité civile peuvent être réformés, d'après le compte

qui en est rendu au ministre de la guerre, sans préjudice des peines dont ils sont passibles, si, par suite de leur refus, la sûreté publique a été compromise.

623. Les gardes forestiers étant appelés à concourir, au besoin, avec la gendarmerie, pour le maintien de l'ordre et de la tranquillité publique, et les brigades de la gendarmerie devant les seconder et leur prêter main-forte pour la répression des délits forestiers, les inspecteurs ou sous-inspecteurs des eaux et forêts et les commandants de la gendarmerie se donnent réciproquement connaissance des lieux de résidence des gardes forestiers et des brigades et postes de gendarmerie, pour assurer, de concert, l'exécution des mesures et des réquisitions, toutes les fois qu'ils doivent agir simultanément.

624. Les gardes champêtres des communes sont placés sous la surveillance des commandants de brigades de gendarmerie ; ces derniers inscrivent sur le registre à ce destiné, les noms, l'âge et le domicile de ces gardes champêtres, avec des notes sur leur conduite et leur manière de servir.

625. Les officiers, sous-officiers et brigadiers de gendarmerie s'assurent, dans leurs tournées, si les gardes champêtres remplissent bien les fonctions dont ils sont chargés ; ils donnent connaissance aux préfets ou sous-préfets de ce qu'ils ont appris sur la moralité et le zèle de chacun d'eux.

626. Dans les cas urgents ou pour des objets importants, les sous-officiers et brigadiers de gendarmerie peuvent mettre en réquisition les gardes champêtres d'un canton, et les officiers ceux d'un arrondissement, soit pour les seconder dans l'exécution des ordres qu'ils ont reçus, soit pour le maintien de la police et de la tranquillité publique ; mais ils sont tenus de donner avis de cette réquisition aux maires et aux sous-préfets, et de leur en faire connaître les motifs généraux.

627. Les officiers, sous-officiers et brigadiers de gendarmerie adressent, au besoin, aux maires, pour être remis aux gardes champêtres, le signalement des individus qu'ils ont l'ordre d'arrêter.

628. Les gardes champêtres sont tenus d'informer les maires, et ceux-ci les officiers ou sous-officiers et brigadiers de gendarmerie, de tout ce qu'ils découvrent de contraire au maintien de l'ordre et de la tranquillité publique ; ils leur donnent avis de tous les délits qui ont été commis dans leurs territoires respectifs.

629. La gendarmerie a également le droit de surveillance sur les cantonniers, sans avoir des ordres à leur donner ; elle prend note des absences qu'elle remarque parmi ces agents. — Les commandants de brigade adressent sans retard au commandant de l'arrondissement le relevé des notes prises dans le cours de chaque tournée.—Les commandants de l'arrondissement transmettent au commandant de compagnie, les 8, 16, 24 et 30 ou 31 de chaque mois, des états récapitulatifs des absences constatées par les brigades sous leurs ordres.—Les commandants de compagnie transmettent immédiatement au préfet du département les états par arrondissement.

630. Les tableaux indiquant les noms et les stations des cantonniers par arrondissement de sous-préfecture, et les états particuliers destinés à faire connaître les cantonniers compris dans la circonscription de chaque brigade, sont fournis tout dressés à la gendarmerie, ainsi que les imprimés nécessaires pour l'inscription des absences remarquées.

631. Les relevés d'absence sont les seules pièces que la gendarmerie soit tenue d'établir elle-même. — Elle est expressément dispensée de tout rapport qui exige de sa part la moindre dépense en frais de bureau.

632. Les commandants de compagnie et d'arrondissement indiquent sur l'état récapitulatif du service mensuel, au-dessous du total de la récapitulation des arrestations faites pendant le mois, le nombre d'absences constatées parmi les cantonniers stationnaires.

633. Les cantonniers, par leur état et leur position, pouvant mieux que personne donner des renseignements exacts sur les voyageurs à pied, à cheval ou en voiture, et étant d'utiles agents auxiliaires de la gendarmerie pour faire découvrir les malfaiteurs, doivent obtempérer à toutes les demandes et réquisitions qui leur sont faites par les sous-officiers, brigadiers et gendarmes.

634. Dans le cas de soulèvement armé, les commandants de la gendarmerie peuvent mettre en réquisition les agents subalternes de toutes les administrations publiques et des chemins de fer ; ces réquisitions sont adressées aux chefs de ces administrations, qui sont tenus d'y obtempérer, à moins d'impossibilité dont ils devront justifier sous leur responsabilité.

635. Les officiers, sous-officiers, brigadiers et gendarmes, dans l'exercice de leurs fonctions et revêtus de leur uniforme, ont le droit de s'introduire dans les enceintes, gares et débarcadères des chemins de fer, d'y circuler et stationner en se conformant aux mesures de précaution déterminées par le ministre des travaux publics.

636. Les officiers, sous-officiers, brigadiers et gendarmes sont exempts de droits de péage et de passage des bacs, ainsi que les voitures, chevaux et personnes qui marchent sous leur escorte. — Tout officier, sous-officier et brigadier d

gendarmerie, voulant voyager sur un chemin de fer pour affaire de service. doit être admis au bénéfice de la réduction de prix imposée aux compagnies exploitantes en faveur des militaires voyageant isolément, sur sa déclaration écrite qu'il voyage pour cause de service. Les gendarmes sont admis à la même faveur en présentant une déclaration de leur chef de brigade ou d'un chef supérieur, portant qu'ils voyagent pour cause de service.

637. Les militaires de tout grade de la gendarmerie qui, d'après les règlements, jouissent de la franchise et du contre-seing des lettres, et qui abusent de cette franchise pour une correspondance étrangère à leurs fonctions, seront envoyés dans un autre département, et, en cas de récidive, ils encourent une punition plus sévère.

638. Les militaires de la gendarmerie ne peuvent être distraits de leurs fonctions pour être employés à des services personnels ; les officiers de gendarmerie ne peuvent non plus, pour les devoirs qui leur sont propres, interrompre les tours de service d'aucun sous-officier, brigadier ou gendarme. Les commandants de compagnie seuls ont le droit de disposer d'un gendarme de l'une des brigades du chef-lieu, pour les travaux d'écritures de la compagnie.

639. Tout officier de gendarmerie de service et à cheval a le droit de se faire accompagner par un gendarme d'ordonnance dans ses courses et tournées, mais il ne peut conserver le même gendarme pour l'accompagner dans toute sa tournée; ce gendarme est relevé de brigade en brigade et ne doit pas découcher.

640. Les officiers, sous-officiers et brigadiers veillent à ce que les gendarmes ne surmènent et ne maltraitent jamais leurs chevaux, mais, au contraire, qu'ils emploient toujours la douceur, afin d'obtenir d'eux les résultats que les moyens violents ne font qu'éloigner. — Tout sous-officier, brigadier ou gendarme convaincu d'avoir maltraité son cheval doit être puni sévèrement.

641. Les demandes ou les réclamations que les militaires de la gendarmerie sont dans le cas d'adresser au ministre de la guerre doivent lui parvenir, savoir : pour ce qui concerne le personnel, par les chefs de légion ; pour des réclamations relatives à des pertes ou à d'autres objets administratifs, par le conseil d'administration du corps ou de la compagnie auquel l'homme appartient. — Seulement, en cas de déni de justice, et après avoir épuisé tous les degrés de la hiérarchie, les militaires de la gendarmerie peuvent réclamer directement du ministre de la guerre le redressement des griefs ou des abus dont ils ont à se plaindre ; ils joignent à leurs réclamations toutes les pièces justificatives pour qu'il y soit fait droit, s'il y a lieu. — Toute demande ou réclamation faite directement au ministre, peut donner lieu à une punition sévère, si elle est reconnue mal fondée.

642. Il est formellement interdit aux militaires de tous grades et de toutes armes, en activité de service, de publier leurs idées ou leurs réclamations, soit dans les journaux, soit dans les brochures, sans la permission de l'autorité supérieure. — Les militaires de la gendarmerie qui veulent faire imprimer un écrit doivent donc en demander l'autorisation au ministre, lequel accorde ou refuse, suivant qu'il le juge convenable. — Ceux qui contreviennent à cette prescription se mettent dans le cas d'être punis sévèrement.

643. Les corps de la garde de Paris et de la gendarmerie d'élite conservent, en raison de la spécialité de leur service, la constitution particulière qui leur a été donnée par les décrets d'organisation. — Ils sont soumis, d'ailleurs, aux règles établies par le présent décret, pour la police et la discipline de la gendarmerie, dont ils font partie intégrante.

TITRE VIII. — Dispositions générales.

CHAPITRE UNIQUE.

644. Toutes les dispositions contraires au présent décret sont et demeurent abrogées.

645. Nos ministres de la guerre, de l'intérieur, de la justice et de la marine sont chargés, chacun en ce qui le concerne, de l'exécution du présent décret, qui sera inséré au *Bulletin des lois*.

TABLE ALPHABÉTIQUE ET ANALYTIQUE

DES MATIÈRES.

Nota. Les chiffres indiquent les Numéros des articles du décret.

FIN DE LA TABLE

diction qui prononce. — Ce Tableau, imprimé en forme de placard, peut être affiché dans les prétoires. — Une feuille et demie in-plano, prix : 4 fr.

CODE DES INSTITUTEURS PRIMAIRES, contenant : la Loi du 15 mars 1850 sur l'enseignement ; le Règlement d'administration publique du 8 mai 1850 ; celui du 29 juillet 1850 ; le décret du 7 octobre 1850 ; la Circulaire du ministre de l'instruction publique, aux préfets, relative aux traitements des instituteurs, au recouvrement de la rétribution scolaire et à la construction des maisons d'école, avec tous les tableaux qui l'accompagnent ; la Circulaire du même aux recteurs ; la Circulaire du receveur général de l'Isère, aux percepteurs, sur les rapports de ceux-ci avec les instituteurs, etc., etc. — 1 vol. in-8, prix : 4 fr. 50.

CODE DES PATENTES, avec **Tables** et **Tableaux**, augmenté : d'une Table générale sur les huit classes de patentes ; de la Circulaire du 14 août 1844 du directeur général des contributions directes, et des additions, corrections et renvois extraits du Tarif général des droits des patentes, de la nouvelle Loi sur les patentes, du 15 mai 1850, avec Tableaux ; de l'Instruction du 10 juillet 1850, du ministre des finances. — 1 vol. in-8, prix · 2 fr. 75.

CODE DE LA VOIRIE de la ville de Grenoble, in-8, prix : 4 fr.

CODE DE LA CHASSE, contenant : la loi du 3 mai 1844 ; — les Instructions des ministres de l'intérieur, du 9 mai 1844, de la justice, du 20 mai 1844 ; — les Formules d'avis du maire pour la délivrance d'un permis de chasse, — du registre des avis pour permis de chasse, — de six sortes de procès-verbaux de délit de chasse, — d'ordonnance pour la remise du gibier saisi, du procès-verbal pour emploi de drogues ou appâts nuisibles au gibier.— 1 vol. in-18, prix : 50 c.

CODE-FORMULAIRE DU CRÉDIT FONCIER DE FRANCE, contenant : tous les actes officiels sur la matière, le tableau de répartition du premier prêt de 200 millions, de trois tables d'amortissement, d'une formule de demande d'emprunt, d'un projet de délibération de conseil municipal, à l'effet d'être autorisé à contracter un emprunt, de neuf formules d'actes notariés, et enfin, d'une table alphabétique et analytique des matières ; précédés d'une notice historique sur le Crédit foncier et son mécanisme, et de la nomenclature des pièces à produire pour un emprunt. — 1 vol. in-8, prix : 4 fr. 50.

CODE FORESTIER, suivi de l'ordonnance d'exécution et d'une Table alphabétique et analytique des matières.— 1 vol. in-32 en gros caractères, 50 c.

LÉGISLATION sur les **Contraventions** et les **Peines** en matière de simple police ; un grand placard de deux feuilles, contenant la matière d'un in-12 ; prix : 4 fr. 50.

LOI et **INSTRUCTION** sur les Chemins vicinaux, 1 vol. in-18, prix : 4 fr. 25.

L'ORDONNATEUR des Dépenses municipales et des Etablissements hospitaliers et de bienfaisance, ou Formulaire des mandats communaux et hospitaliers, faisant suite à l'*Agenda des receveurs municipaux*. — 1 vol. in-8°, sur beau papier collé, prix : 2 fr. 75.

PROMPT-CALCUL d'intérêts, d'escomptes, de rentes, de pensions, de traitements, de salaires, de locations, de coulages ou déchets, etc., pour quelque somme et quelque durée que ce puisse être, à 40 taux différents, entiers ou fractionnés, par C. BENOIT. — 1 vol. in-18, prix : 2 fr.

TABLES DE CUBAGE des Bois, suivant les divers modes usités en France, au volume réel, au 1/4 de la circonférence sans déduction, au 1/6 déduit et au 1/5 déduit, par LICHTLIN, sous-inspecteur des forêts, précédées d'instructions sur leur usage.— 1 vol. petit in-8, prix : 2 fr. 50 c.

CODE DE LA CAISSE DE RETRAITES POUR LA VIEILLESSE, contenant la législation et les instructions y relatives ; in-8°, prix : 25 c.

CODE DE LA DÉNATURATION DES ALCOOLS, contenant la loi du 24 juillet 1843, l'ordonnance et les instructions y relatives ; in-8°, prix : 25 c.

PETITE BIBLIOTHÈQUE ÉCONOMIQUE ET RURALE, ·
A 25 cent. le volume de 36 pages in-18, grand-raisin.
ABONNEMENT A 12 NUMÉROS : 3 FR., RENDUS FRANCO A DOMICILE.

PREMIÈRE SÉRIE, EN VENTE.

N° 1. INSTRUCTION SUR L'ÉDUCATION DES POULES, DES POULETS, DES CHAPONS ET DES POULARDES, et les moyens de la rendre lucrative par la production abondante des œufs et l'engraissement de ces volailles. — 1 volume.............. 25 cent.

N° 2. ÉDUCATION DES VERS A SOIE, 1re partie, comprenant l'éclosion des œufs, l'éducation détaillée des vers à soie, la formation et la récolte des cocons, et enfin la production et la conservation de la graine. — 1 vol........ 25 cent.

N° 3. ÉDUCATION DES VERS A SOIE. Tableau synoptique de toutes les opérations, jour par jour, de l'éducation des vers à soie, contenant en outre : 1° Des conseils pour réussir dans cette éducation, et le moyen de tirer un parti très-avantageux des vers rebutés ; — 2° Une table analytique de toutes les matières renfermées dans le livre N° 2. — 2 pages in-folio disposées pour être collées sur carton................. 25 cent.

N° 4. ÉDUCATION DES VERS A SOIE, 2e partie, contenant : · Une nouvelle méthode d'éducation abrégée de 8 à 10 jours, nommée méthode Freschi, imitée de la méthode usuelle de la Grèce, qui s'effectue en 24 jours ; — Une explication de l'éducation successive ; — Des observations sur les claies coconnières Davril ; la description de nouveaux procédés de ventilation , appelée *ventilation renversée*, suivant le système de MM. Aribert et Bouvier ; — De l'effet de diverses odeurs sur les vers à soie ; — Observations nouvelles sur la muscardine ; — De la coloration naturelle de la soie ; — De la confection des mort-à-pêche ou racines de Florence, avec des vers rebutés. — Des races les plus productives. — 1 vol.............. 25 cent.

N° 5. INSTRUCTION SUR LA CULTURE DU MURIER. Des diverses espèces de mûrier. — Du sol et du choix du sujet. — Du semis. — De la marcotte et de sa bouture. — Des pépinières. — Des plantations. — De la greffe. — Culture des jeunes mûriers. — Mûriers nains. — Mûriers en haies. — Culture des mûriers adultes. — Récolte des feuilles. — Taille des mûriers. — Maladies des mûriers. — Du mûrier Loup... 1 vol. 25 cent.

N° 6. CULTURE ET CONSERVATION DES POMMES DE TERRE. Instruction indiquant : 1° Les recherches faites sur les causes de leur maladie, et sur les moyens de la combattre ; 2° les meilleurs procédés propres à prévenir l'invasion du mal et à en arrêter les progrès. — 1 vol..... 25 cent.

N° 7. MALADIE DE LA VIGNE. — Instruction résumant les documents publiés jusqu'à ce jour sur l'invasion et le progrès de la maladie de la vigne, ses caractères, ses causes, et sur les divers moyens employés pour la combattre. — 1 volume............................ 25 cent.

N° 8. PISCICULTURE. Instruction sur la fécondation et l'éclosion artificielles des œufs de poissons, et sur l'éducation du frai, suivant le procédé de MM. Gehin et Remy, pêcheurs des Vosges. — Résultats obtenus dans le département de l'Isère. — Rapport à M. le ministre de l'intérieur par M. Heurtier, suivi de celui de M. Coste, du collège de France. — 1 vol...... 25 cent.

N° 9. DES ENGRAIS AZOTÉS, par M. de Gasparin, extrait par M. Gueymard, ingénieur en chef des mines. Cet extrait contient un tableau comparatif de la puissance de 119 engrais. — 1 vol. 25 c.

N° 10. DES QUALITÉS ET DE L'USAGE DES BOIS SOUS LE RAPPORT ÉCONOMIQUE ET INDUSTRIEL, contenant, entre autres, les qualités et les défauts des bois; leur croissance annuelle en hauteur et en circonférence; leur pesanteur spécifique; leur force et leur résistance; leur corruptibilité; leurs défauts et leurs vices,; leur usage, etc. —

1 vol......................... 25 cent.

N° 11. DE LA CULTURE ET DE L'AMÉNAGEMENT DES BOIS. Effets désastreux du déboisement. — Importance de la conservation et du renouvellement des bois. — Du semis. — Plantation des bois. — Culture des bois pendant leur croissance. Choix des arbres propres aux divers terrains suivant le climat, la nature et les diverses qualités du sol. — Aménagement des bois, bois taillis, bois de haute futaie. — Exploitation des bois. — Jardinage. — 1 vol........ 25 cent.

N° 12. DU DRAINAGE. Considérations générales sur la nécessité d'assainir les terres. — Procédés actuels. — Du drainage. — Des tuyaux de drainage et de leur fabrication. — Des séchoirs —Des fours. — Prix de revient. — Des terrains qu'il convient de drainer. — Dispositions à prendre. — Prix de revient du drainage. — Effet. — Encouragement. — Dispositions prises dans le département de l'Isère: par M. Félix RÉAL, ancien conseiller d'Etat. — 1 vol..... 25 cent.

DEUXIÈME SÉRIE, EN PUBLICATION.

COURS ÉLÉMENTAIRE D'HORTICULTURE THÉORIQUE ET PRATIQUE. Ce Cours formera 6 numéros, savoir : *Éléments de botanique*; — *Études des agents qui concourent au développement des végétaux, et multiplication des arbres et arbustes*; — *Culture du Jardin fruitier*; — *Culture du Jardin fleuriste ou d'agrément*; — *Culture du Jardin maraîcher.*

EN VENTE:

N°s 13 et 14. ÉLÉMENTS DE BOTANIQUE, contenant: l'Anatomie; la Glossologie et la Physiologie végétales; la Taxonomie botanique et la classification des végétaux: suivis d'un Tableau de classification des végétaux appliquée aux

plantes les plus généralement cultivées, avec l'indication des ordres, selon la méthode de M De Candolle; ouvrage orné de 5 planches. — Les 2 numéros, prix.................. 50 cent.

N°s 15 et 16. ÉTUDES DES AGENTS QUI CONCOURENT AU DÉVELOPPEMENT DES VÉGÉTAUX; MULTIPLICATION DES ARBRES ET ARBUSTES, avec l'indication des soins qu'ils réclament avant leur plantation à demeure. — Agents terrestres. — Agents aqueux. — Agents atmosphériques. — De la pépinière. — De la multiplication par semis boutures, marcottes, greffes. — De la transplantation. — Du recepage. — Du labour. 1 vol in-18, avec figures. 50 c.

FLORE DU DAUPHINÉ, ou Description succincte des plantes croissant naturellement en Dauphiné, ou cultivées pour l'usage de l'homme et des animaux, avec l'analyse des genres et leur tableau d'après le système de Linnée, par feu MUTEL, 2 vol. in-16. — Prix : 12 fr.

CATALOGUE des coléoptères qui se trouvent dans les montagnes de la Chartreuse; in-8°, très-beau papier. — Prix : 1 fr. 50 c.

DESCRIPTION des mollusques fluviatiles et terrestres de la France, et plus particulièrement du département de l'Isère, ouvrage orné de planches lithographiées avec le plus grand soin, représentant les figures de plus de 140 espèces, et divisé en deux parties, renfermant: 1° la description des mollusques de l'Isère; 2° la description des autres espèces qui se rencontrent dans le reste de la France, par M. Albin GRAS, 1 vol. in-8°. — Prix : 5 fr.

DESCRIPTION des oursins fossiles du département de l'Isère, précédée de notions élémentaires sur l'organisation et la glossologie de cette classe de zoophytes, et suivie d'une Notice géologique sur les divers terrains de l'Isère; ouvrage orné de 6 planches, représentant 45 espèces nouvelles ou non encore figurées, et d'une planche géologique, 1 vol. in-8°. — Prix : 6 fr.

STATISTIQUE minéralogique du département des Basses-Alpes, ou description géologique des terrains qui constituent ce département, avec l'indication des gites de minéraux utiles qui s'y trouvent contenus, ouvrage accompagné d'une carte et de coupes géologiques, par M. Scipion GRAS, ingénieur en chef des mines, 1 vol. in-8°. — Prix : 8 fr.

—minéralogique du département de la Drôme. ou Description géologique des terrains qui constituent ce département, avec l'indication des mines, des carrières, et en général de tous les gites des minéraux utiles qui s'y trouvent contenus; ouvrage accompagné d'une carte géologique, par M. Scipion GRAS, ingénieur en chef des mines, 1 vol. in-8°. — Prix : 8 fr.

STATISTIQUE BOTANIQUE du département de l'Isère, ou *Guide* du botaniste dans ce département, par M. Albin GRAS, vol. contenant: climats, végétations spéciales des trois régions du département; espèces végétales remarquables, indication par ordre alphabétique des principales localités, avec l'énumération de quelques-unes des plantes qu'on y rencontre, etc., 1 vol. in-8°. — Prix : 5 fr.

DESCRIPTION pittoresque de la Grande-Chartreuse, souvenirs historiques de ses montagnes et de son couvent, et recueil des pensées inscrites sur son album par Châteaubriand, Lamartine, Mme de Staël, etc., etc., par M. Auguste BOURNE; suivis de Notes sur la géologie, les fossiles, la zoologie, la conchyliologie, les coléoptères, et la flore de ces localités, extraites des œuvres de MM. Lory, Albin Gras, Villars et Mutel, d'une Notice sur Grenoble et ses environs, d'un État de toutes les voitures à service régulier, des hauteurs barométriques des principaux lieux environnant Grenoble, d'un article de bibliographie locale, et d'une Table analytique contenant des Notes sur les moyens de transport et sur les routes qui donnent accès à la Grande-Chartreuse, avec 8 Vues et une Carte itinéraire. —Prix : 3 fr. 50 cent.

www.ingramcontent.com/pod-product-compliance
Lightning Source LLC
Chambersburg PA
CBHW050614210326
41521CB00008B/1251